石韵卮言
——印人印语谈薮

曲彦斌 著

中原出版传媒集团
大地传媒

大象出版社
·郑州·

图书在版编目(CIP)数据

石韵卮言：印人印语谈薮／曲彦斌著.— 郑州：大象出版社，2017.3
ISBN 978-7-5347-9162-8

Ⅰ.①石… Ⅱ.①曲… Ⅲ.①金石学—中国—文集 Ⅳ.①K877.24-53

中国版本图书馆 CIP 数据核字（2017）第 033045 号

石韵卮言
——印人印语谈薮

曲彦斌　著

出 版 人	王刘纯
责任编辑	郑强胜
责任校对	牛志远
装帧设计	王　敏

出版发行　大象出版社（郑州市开元路 16 号　邮政编码 450044）
　　　　　发行科　0371-63863551　总编室　0371-65597936
网　　址　www.daxiang.cn
印　　刷　郑州新海岸电脑彩色制印有限公司
经　　销　各地新华书店经销
开　　本　787mm×1092mm　1/16
印　　张　14.25
字　　数　177 千字
版　　次　2017 年 3 月第 1 版　2017 年 3 月第 1 次印刷
定　　价　48.00 元
若发现印、装质量问题，影响阅读，请与承印厂联系调换。
印厂地址　郑州市文化路 56 号金国商厦七楼
邮政编码　450002　　　　电话　0371-67358093

目 录

题跋与解印（代序） …………………………………… 初国卿　一
十年气息一日芳（自序） …………………………………… 曲彦斌　一

[方寸箴言发微胜录]

"年年岁岁花相似，岁岁年年人不同" ………………………… 三
"冷板凳"之"冷趣"絮语 ……………………………………… 一七
散议"好人好事" ……………………………………………… 二二
咏叹"文采风流"诗话拾掇 …………………………………… 三三
论"小人"之"小" …………………………………………… 四二
徐三庚的读书印及其他 ……………………………………… 五三
范文正家风："俭廉恕德" …………………………………… 六〇
王艮与李贽的"乐学"理念与境界 …………………………… 六八
"班门弄斧"二解 …………………………………………… 七四
话说"特立独行，刚介有守" ………………………………… 七七

"敬事"：东西方共有的传统 ………………………………… 八三

〔书人书话故事丛议〕

感悟"书痴" ………………………………………………… 九一
读书之于养生疗疾 ………………………………………… 九六
杂议"床上书连屋" ……………………………………… 一〇〇
诗说杂议"隐士一床书" ………………………………… 一一〇
"岂为功名始读书"故实琐议 …………………………… 一一六
"愿读人间未见书"清议 ………………………………… 一二八
幼曾厌学的读书种子叶德辉 …………………………… 一三六
"音律书酒"与"图书琴壶" …………………………… 一四一

〔藏书印藏书铭谭屑〕

人生不用觅封侯，百城高拥拜经楼 …………………… 一四七
禄易书，千万值。小胥钞，良友贻 …………………… 一五〇
昔司马温公藏书甚富，所读之书终身如新 …………… 一五二
澹生堂中储经籍，主人手校无朝夕 …………………… 一五四
何以"悔不十年读书" …………………………………… 一五六
误书细勘原无误，不校校书比校勤 …………………… 一五八
难能可贵的藏书家"三德" ……………………………… 一六三
嗜古富藏尽在为国传古 ………………………………… 一六七
韩昌黎与"天一阁"及其他 ……………………………… 一七〇
"学然后知不足"摭谈 …………………………………… 一七六

〔印言印艺印人故实〕

文彭的篆刻"君子安贫，达人知命" …………………… 一八三
邓石如的篆刻"江流有声，断岸千尺" …………………… 一八四
邓石如的篆刻"有精神谓之富" …………………………… 一八五
邓石如的篆刻"我书意造本无法" ………………………… 一八六
丁敬的篆刻"竹解心虚是我师" …………………………… 一八七
吴昌硕的篆刻"文章有神交有道" ………………………… 一八九
吴昌硕的篆刻"鲜鲜霜中菊" ……………………………… 一九〇
许容的篆刻"兴酣落笔摇五岳" …………………………… 一九一
陈鸿寿的篆刻"好书到手不论钱" ………………………… 一九二
张在辛的篆刻"笔研精良人生一乐" ……………………… 一九四
吴涵的篆刻"千里之路不可扶以绳" ……………………… 一九六
齐白石的篆刻"流俗之所轻也" …………………………… 一九八

题跋与解印（代序）

◎初国卿

与曲彦斌先生相识多年，他签名题赠的书在我的书架上已有一大排。每每看到他的这些著作，我都油然升起一种服善之情怀。曲兄广闻博观，为学深厚，治学领域所及，举凡文化史、社会生活史、商业史、金融史、网络社会学、民俗语言学、文化人类学、民间文艺学等，林林总总，多有建树。如今，又有《石韵卮言——印人印语谈薮》一书的清样摆到了我的面前，并嘱我作序。这让我更为惊叹，原来曲兄在多学科研究领域又增加了一门金石学。

说到金石学，倒让我想起了曲兄的书法。就当下书法的一般意义和流行书风而言，曲兄当不在书法家之列。因为他既没有举办过书法展，也没有召开过研讨会，更没有上过拍卖会，但曲兄的毛笔字却又远比那些办过展、开过会的所谓书家的字有味道得多。远的不说，就我桌上这本不久前出版的《蓻菲菁华录：历代采风问俗典籍钩沉》，就是一个很好的例子。这本书，不仅书名有意味，而且曲兄的"自署"之字也令人刮目。典型的"二王"书风，字里行间透着一种灵秀和韵致，平和自然，且不失遒美健秀；不温不火，含蓄委婉，颇有些"荣曜秋菊，华茂春松"之美感。我还偶然见过曲兄的题字或题跋，每每给我的都是这样的感觉。比起时下那些所谓"职业书法"或"名人书法"看上去要舒服得多，也美得多。不仅如此，更重要的是曲兄之字还体现着文字背后的书卷内涵和文化意蕴。

我一向认为，书法是一种艺术，更是一种载体，离开所承载的内容，书法就只是空疏无根的为艺术而艺术，或说是没有思想的墨的涂抹。所以在我所收藏的诸种书法作品中，我最喜欢的是题跋，其次是信札，再次是自作诗稿。因为题跋从来都是书家综合能力的体现，能题跋者，首先要读懂和理解所题作品的内容，其次是组织精到的题跋语言，最后才是提笔落墨。可见题跋作品首要的条件是学识与学养，其次才是书法技巧。诗稿也是同样的道理。然而时下满大街的书法家们，能在宣纸上写出自作诗的人却不多，能题跋的则更少见。大多提笔就是"白日依山尽"或者"春眠不觉晓"，连"迢递高城百尺楼"都难见到。所以当有人要送我书法作品，问我喜欢唐诗还是宋词的时候，我宁愿说"喜欢菜谱"，因为菜谱多少还是自己的，还有些许个性。关于书法的个性问题，东北沦陷时期的著名作家、书法家李正中先生曾有过中肯的意见。早在2004年长春"李正中返里书法展"上，当有记者问他对时下的"流行书风"有何评价时，他说："每一个历史朝代的书法都有自己的个性，没有个性，书法就没有生命力。但个性是靠学养和功力支撑的，对于那些学养一般、功力较弱的人来说，会很容易陷入'个性'的陷阱而出不来。呈现个性固然重要，但传统的东西不能丢，个性只有用学识和素养积淀起来，才会更坚实，更有美学价值。否则一味追求'流行风'，只会浮夸一时，终会被历史所淘汰。"如今，当所有流行都成为过眼云烟的时候，回过头来看李正中先生的这番话，更觉语重心长。同时，我们对照李先生的话来看曲兄的学者字，则更印证了李先生观点的正确性。

在对待书法上，曲兄正是以写字的平常心，来表现一个文人、一个学者的一种真诚、一种学养和一种精神。尽管他未以书法家自称，也没有刻意经营自己的书写，但由于其笔底毫端饱含着丰厚的文化修养和沧桑的学术阅历，这就无形中使其翰墨文字带上了书卷风华和美学意蕴。所以，我曾劝藏界朋友，包括我自己，要收藏就要寻找这类翰墨，而尽量远离那些职业书家的流行作品。

本来是为曲兄新作写序，不意却说了这么多的书法事，但这又绝非题外之言，因为真文人总要有些翰墨之缘与金石之好的。

曲兄的金石之好是和他的书法相一致的，具体说来则是这一部《石韵卮言——印人印语谈数》。此书系作者于2008年至2014年为《文化学刊》封底篆刻配文撰写的数十篇系列学术随笔的结集。每篇附一幅或多幅篆刻，文与篆刻互相关联呼应。全书分为四个部分：方寸箴言发微脞录、书人书话故事丛议、藏书印藏书铭谭屑、印言印艺印人故实。文章所论列的篆刻作品，则多为文人学者的藏书印，或与书、与学问有关的闲章。这不能不说是曲兄在选择篆刻作品时很有独到的眼光。

曾任苏州知府的清末金石学家吴云有方汉印风格的白文闲章："无事此静坐，一日抵二日。若活七十年，便是百四十。"曲兄论此印之文题为《读书之于养生疗疾》。他在文章中说，此系苏东坡《司命宫杨道士息轩》诗的开头四句，其全诗为："无事此静坐，一日似两日。若活七十年，便是百四十。黄金几时成，白发日夜出。开眼三千秋，速如驹过隙。是故东坡老，贵汝一念息。时来登此轩，目送过海席。家山归未能，题诗寄屋壁。"后来，明代的徐文长亦曾戏改此诗前四句为："无事此游戏，一日当三日。若活七十年，便是二百一。"再后来，胡适进一步戏改，几成一首打油诗："不做无益事，一日当三日。人活五十岁，我活百五十。"曲兄对此感叹道："予反复吟诵是诗之余,不觉突然想到,这也可视为一首读书诗,或说是读书养生诗。"因为"体气多病,得名人文集静心读之,亦自足以养病"。道理何在?或即明代晚期太医院医官龚廷贤《寿世保元》所言:"诗书可以悦身心,可以怡性情,可以延年。"一方小印,让曲兄得出如此之解读,正可谓禅悟也。

在曲兄此书中,我很喜欢《禄易书,千万值。小胥钞,良友贻》一文所选海源阁杨以增的藏书铭:"禄易书,千万值。小胥钞,良友贻。阁主人,清白吏。读曾经,学何事?愧蠹鱼,未食字。遗子孙,承此志。"这36字藏书铭由清代著名篆刻家、书画家吴熙载制成篆字朱文大印,有吴氏一派的端庄、浑厚风格,而又不失飘逸、舒展,柔中带刚,法度精严。"海源阁"在中国藏书界曾赢得"南瞿(常熟铁琴铜剑楼瞿氏)北杨"之誉,叶昌炽《藏书纪事诗》所云"艺芸散后归何处?尽在南瞿与北杨",即本此。"海源阁藏书铭"恰是杨氏藏书之富、之精,集书之爱、之痴的具体写照,对图书典籍的一世深情都赋予这方印文当中。海源阁所在的东昌府(即今山东聊城)是我的祖居地,这个声名显赫的藏书楼,后来历经兵燹战火,大部分藏书均已散失,少量辗转入藏国家图书馆和山东省图书馆。"海源阁"书散楼空,唯有这36字藏书铭,历久铿锵,依然铭刻在爱书藏书人的心中,世代传诵。

曲兄当然也是个爱书藏书之人,家藏各种典籍达数万册。每次与他相聚,最喜欢的话题就是最近又得到什么奇秘版本的好书了。酒桌上如能答应他有好书相送,他即会连连干杯,快乐激动如同一个少年。他对清末民初著名学者叶德辉特别感兴趣,记得有一次南开大学王之江先生回沈阳相聚,餐桌上他二人大谈叶氏藏书和学问,如数家珍地讲坊间种种有关叶氏佚闻,弄得一桌人都听傻了。这也难怪,叶氏当年与蔡元培、张元济、赵熙、赵启霖、蒋廷黻等同榜进士,以至胡适都曾感叹:"现今的中国学术界真凋敝零落极了,旧式学者只剩王国维、罗振玉、叶德辉、章炳麟四人……"《石韵卮言——印人印语谈薮》讲藏书印,当然少不了叶德辉,这就是《幼曾厌学的读书种子叶德辉》一文。在此文中,曲兄就叶氏藏书印"长沙叶氏郋园藏书处曰丽楼,藏金石处曰周情孔思室,藏泉处曰归货斋,著书处曰欢古堂"展开叙述,总结叶氏收藏和研究古籍、金石、古钱的成就,分析他的"怪"与"劣",以及最终成为革命者"刀俎物"的悲剧结局。既有深刻的反思性,又有较强的可读性。

在这部书里,曲兄论印而又不拘于印。中国自古就有金石不朽可以传之万代的传统信念,以为将"金玉良言"铭之于金石即可永世牢靠,举凡祈愿之言、颂赞之言、纪念之言,无不如此。如《散议"好人好事"》一文,谈的就是清林皋篆刻"存君子心,行丈夫事"一印。在这篇文章中,曲兄将君子与好人、好事,甚至与学雷锋结合起来,无异于一篇论人谈世的讲稿,读来妙趣横生。

在借印文谈藏书、谈人生的过程中,曲兄充分展示了他作为一个民俗语言学家和文化人类学家的长处,每篇文章或旁征博引,或议论抒情,不仅给人以知识启迪,还有审美享受。如《论"小人"之"小"》《杂议"床上书连屋"》《嗜古富藏尽在为国传古》《文彭的篆刻"君子安贫,达人知命"》等,莫不如此。

喜欢翰墨金石的曲兄自然也是我的同调。我喜欢书法,自然也喜欢金石印章,尤其喜欢曲兄所论的闲章一类,石料最好是寿山老性芙蓉。多年下来,我也藏得数方,如老莲的"人贤气味和"、朱棨的"渺渺兮予怀"、黄易的"琴书四壁有清音"、徐宗浩的"书卷才开作睡媒"、胡仝太的"鬓丝禅榻"、朴堂的"名山如见六朝人"、葛竺年的"敢云下笔不加点,差喜临文无愧词"、恭寿的"文章必自鸣一家"、陈旧的"砚池春暖"、丘石的"家在辽西红叶村"等,每一方印章,虽然也在乎所用石料和刻家声名,但最在意的还是印文的讲究和清贵,能钤在书前文后。这一点,倒是和曲兄有些同气相求。

读了曲兄关于印章的书，忽然有了想去雅俗轩的欲望，去看他的藏书，喝他的好茶，当然更想欣赏他的闲章。关羽有训："读好书，说好话，行好事，做好人。"这12个字亦可入闲章，何时求人刻来，正好作为雅俗轩喝茶的随手礼。

乙未中秋于沈水乐毅山房

十年气息一日芳（自序）

◎曲彦斌

一

作为前言或书序，例当首先解题。所谓"石韵"，即汉语言文字独有的金石篆刻艺术及其印文意蕴、韵味。"卮言"者，又写作"巵言"，自然随意之言，或支离破碎之言，语出《庄子·寓言》"卮言日出，和以天倪"。成玄英疏云："即支离其言，言无的当，故谓之卮言耳。"实乃杂议漫谈。这些"卮言"，又不免习惯性地常常"掉书袋"，引点儿古诗名句之类，还不算是正儿八经的"诗话"，正所谓"卮言我不如庄惠，终日观鱼只有诗"（元·许有壬《作乐导水·倚槛观鱼》）。

这本小书所辑，是数年间刊发于《文化学刊》封底篆刻的系列学术随笔。这些文章，或关于封底篆刻及其印文内容的艺术评介，或因文章题旨而选用的封底篆刻，皆与篆刻相关联。遗憾的是，虽说每期封底例行刊印一方篆刻，却因时间精力所限而未能逐期撰文与之链接，如今结集则难称臻美如意。或许，正因世上事难以尽善尽美才成为人们的一种追求与渴望。尽管如此，这些篆刻和文章仍是伴随《文化学刊》一路走来而结下的果实。

各篇文章皆对应一方篆刻，或是穿插数方篆刻。相应的文章，或因篆刻作者乃至使用者为文，或以印文为话题抒发开来，依内容大体编作四辑。一、"方寸箴言发微胜录"。如《咏叹"文采风流"诗话拾掇》《徐三庚的读书印及其他》《范文正家风："俭廉恕德"》《王艮与李贽的"乐学"理念与境界》等。二、"书人书话故事丛议"。如《"岂为功名始读书"故实琐议》《"愿读人间未见书"清议》《幼曾厌学的读书种子叶德辉》等。三、"藏书印藏书铭谭屑"。如《人生不用觅封侯，百城高拥拜经楼》《禄易书，千万值。小胥钞，良友贻》《昔司马温公藏书甚富，所读之书终身如新》《澹生堂中储经籍，主人手校无朝夕》等。四、"印言印艺印人故实"。如《邓石如的篆刻"我书意造本无法"》《丁敬的篆刻"竹解心虚是我师"》《吴昌硕的篆刻"文章有神交有道"》等。

《文化学刊》封面

二

古人谓人生"十岁不愁、二十不悔、三十而立、四十不惑、五十知天命、六十耳顺、七十古稀、八十耄耋"。不经意间，《文化学刊》已经迎来"不愁"之年。意即本文的标题"十年气息一日芳"。

借大象出版社为余结集出版这本小书之际，说说《文化学刊》的故事，似乎也算切题。不过，此"诗话"，非彼"诗话"，犹"歌伴舞"，实属借诗说话，乃"诗伴话"。

何以说"十年气息一日芳"呢？缘自"古道天道长人道短，我道天道短人道长。天道昼夜回转不曾住，春秋冬夏忙。颠风暴雨电雷狂"，"天能夭人命，人使道无穷。若此神圣事，谁道人道短，岂非人道长。天能种百草，莸得十年有气息，蕣才一日芳。人能拣得丁沈兰蕙，料理百和香。天解养禽兽，喂虎豹豺狼"。（唐·元稹《乐府古题序（丁酉）·人道短》）《文化学刊》作为文化研究海洋中刚刚起航的一叶轻舟，悄然扬起的一片新帆，在千帆竞发中奋桨前行，恍惚间一瞬十年。有道是，"字字看来皆是血，十年辛苦不寻常"（曹雪芹《自题》）。作为这本杂志的创刊人，虽未必"字字看来皆是血"，但可谓"十年甘苦寸心知"。对于一路走来的杂志来说，倒是可说"十年不寻常""十年气息一日芳"。

至今犹记得当年创刊时的发刊词《文化学刊之于"文化"研究》：

在人文社会科学领域，乃至人类文明史上，有两个最为复杂的概念。一是"文化"，因为文化是多元的，多视点审视、界定"文化"难免"横看成岭侧成峰，远近高低各不同"。再即"人"，因为人类是文化的、社会的高级动物，"文化"是"人的文化"。

《文化学刊》便是研究人类文化的园地，载负相关信息的一叶新舟。

《文化学刊》作为中文社科文化学术理论期刊，力求创新、求是、争鸣、前沿，发表高品质学术成果，搭建人文社会科学自由、平等的学术平台，为发现和扶持学术新人创造机会、提供园地，并以此参与到当代中国乃至世界的文化对话中去。

《文化学刊》办刊主旨：继承弘扬传统优秀文化，探索导引现代先进文化，构建和谐人文社会。

《文化学刊》办刊方略：以瞩目学术前沿创新使学界瞩目，因关注现实文化问题让社会关注。

《文化学刊》是各路文化学者的学术家园，欢迎和渴望多领域专家学者组织参与和支持。

《文化学刊》以文史为主，古今并重；以自己的独特视点，关注社会，思考人生；力求选题前沿、创新、厚重，独具视点，独具匠心。

"务本叶茂，求是根深。"我们追求的是源流相续、命脉相承的特色文化，是放眼世界、勇于借鉴的开放文化，是以人为本、兼收并蓄的和谐文化。

《文化学刊》是文化科学的海洋中刚刚起航的一叶轻舟，一片新帆，但她会在千帆竞发中奋桨前行，簇拥着中华文化和文明走向世界，走向未来，走向人类心灵深处。

应该说，这个发刊词是以本人的知识结构为基础，宣示的是本人的文化学思想和办刊理念。基于此，取名"文化学刊"。至于"她会在千帆竞发中奋桨前行，簇拥着中华文化和文明走向世界，走向未来，走向人类心灵深处"，似乎多了一点抒情色彩，亦属当时草创时的信心与乐观。当时，我已年过半百，仍像年轻人似的，有点儿"不知天高地厚"似的兴致勃勃，甚至是雄心勃勃地扬帆起航了。

第四届全国人文社会科学期刊高层论坛（2015年12月）的会议交流文件中印发了本人题为《略论人文社会科学学术刊物的"积极办刊"》的书面发言。我以《文化学刊》近十年的办刊实践总结出来的"积极办刊"理念，正是对《文化学刊》办刊理念的解读。我认为：

所谓"消极办刊"，又可谓"一般办刊"或按常规"平稳办刊"，是指按照人文社会科学学术刊物办刊的基本规范，根据既定的栏目设置筛选来稿，通过编辑程序发稿付印出版。

所谓"积极办刊",则是在一般常规办刊及其规范的基础上,遵照人文社会科学期刊的基本规范,以不同刊物的办刊宗旨定位,在栏目设置、选题策划和组稿等多方面,紧紧跟踪学术前沿发展动态的办刊方式。

关于如何"积极办刊",是一个总结经验和值得探讨的问题。关于"积极办刊"的要素很多。就时下而言,我觉得首先是学者办刊,尤其要求总编辑、骨干编辑具有较好的综合素质。常言说"术业有专攻"。不好苛求总编辑有多宽广的研究领域,并都有突出建树,但应具有较好的学品、学养和学术能力、学术激情,以及必备的组织策划能力。其次,是敢为天下先,要善于发现、组织并勇于选发有争议但有一定见地的争鸣稿件,要勇于刊发辨伪指谬和批评性、争论性的稿件。

我认为:"紧紧跟踪并顺应学术前沿发展动态与时俱进,紧扣时代脉搏,聚焦理论前沿,才能保持一个人文社会科学期刊的生命活力。文化是社会生活的产物,任何游离于社会现实之外的文化研究,均不会有生命力。关注社会现实问题,是时下学术前沿也是学术创新的重要关节点之一。一本文化学术刊物就是要不失时机地紧紧抓住重大社会文化问题,体现主流文化研究成果和学术动态。"《文化学刊》创刊伊始到今天将近十年的办刊实践,努力做到这积极办刊的"三个一"。具体说,那就是以"继承弘扬传统优秀文化,探索导引现代先进文化,构建和谐人文社会"为办刊主旨,以"创新、求是、争鸣、前沿"为办刊理念,以"以瞩目学术前沿创新使学界瞩目,因关注现实文化问题让社会关注"为办刊方略。回头一看,似乎有点儿自我标榜之嫌,但的确是言行一致地这么一路走过来的。

三

说起来，也真是有些可圈可点的故事。

2008年《文化学刊》这叶小舟扬帆起航不久，适逢"5·12"四川汶川大地震发生。我们意识到与灾难抗争，人文学者不应缺席；在灾难面前，文化要有担当；灾后重建，要体现人文关怀。于是便在当时初创的《文化视角》专栏，在全国同类学术刊物中率先组织刊发了以"灾难文化与人文关怀"为专题的《自然灾害研究的人文社会科学探索视点》《文学中的灾难与救世》等5篇学术文章，在全国同类刊物中首先提出应关注"自然灾害研究的人文社会科学探索视点"和"人文社会科学应对自然灾害的学术职责"，在社会上产生了巨大反响，其中有的文章在中国知网被下载达300多次。新华社及时予以报道并配发了本刊的论文，《辽宁日报》还为此发表了专题访谈。

2011年，《文化学刊》先后策划、组织了诸如"世界一流大学建设的战略性思考""区域性文化史如何写""应加强马克思主义哲学之于文化的研究""弘扬优秀典当文化，更新优化经营理念"等焦点问题。

"文章天下称公器，诗在文章更不疏。到性始知真气味，入神方见妙功夫。"（宋·邵雍《谢富相公见示新诗一轴》）理论著作是不是一定枯燥，味同嚼蜡？学术论文需不需要文采，引人入胜？中国是一个十分注重"文采"的国家，论说文中富有文采而流传至今的名篇可谓汗牛充栋。南朝刘勰曾明确地提出了"文采"这个文章学兼文论学命题，"圣贤书辞，总称文章，非采而何"。其命题可以上溯至孔子主张的"文质彬彬，然后君子""言之不文，行而不远"等言论。为文讲究神采、质采、情采、形采和辞采，"文采"的这五种要素均直接关系着文风。可以说富于"文采"是我国古代论著的一个显著特点和优良传统。

2013年第4期《文化视点》专栏集中发表了8篇论文，发起"学术与文采"专题学术讨论。有媒体报道说，最新出版的《文化学刊》，就此进行了专题讨论。该刊总编辑、著名民俗学者曲彦斌旗帜鲜明地提出："现代科学规范框架下的学术论文、学术著作，尤其是人文社会科学著作，不仅要崇尚'格式'，更要重视'文采'。"

然而，"业贵精于勤，耐取晓窗冻。文章实公器，妙语世人共。"（宋·洪钺《示儿》）学术文章也要有文采，谈何容易！《文化学刊》就学术文章需不需要有文采开展专题讨论，目的在于廓清一个学术著作规范的盲点，净化学术文风。这里之所以就此发声，所要表达的是一种社会要求——学术史的书写趋向。不过，我自己私下里不觉惴惴不安起来——自己的书写向乏文采，自此以后，自己的文章可怎么写呀？这不是引火烧身吗？兴之所至，忘了给自己留条退路，权作终身鞭策就是。在"公器"平台，只好"舍生取义"了。

时下政府对媒体监管特别注重导向。面对各种各样社会文化问题的大是大非，"公器"应有自己的立场。从20世纪鲁迅生前的激烈论争开始，数十年来始终是波澜起伏，绵延未绝。特别是鲁迅获誉"旗手和民族魂"之后，关于鲁迅的评价，迄今仍一直是学界的一个重要话题。尤其是近年来，境内外学术界、文化界一波接一波的贬损甚至是妖魔化鲁迅的现象愈演愈烈，而作为"正能量"的"挺鲁"的声音似乎发声纤弱。面对当下几乎形成了对鲁迅全方位、多样态的贬损态势，《文化学刊》在2015年第4期的《文化视点》栏目以"科学诠释鲁迅乃民族大义"为主题，集中编发了《贬损、亵渎鲁迅：中国当下某些"知识分子"的"新常态"》《卮议"五个鲁迅"》和《鲁迅：说不尽的话题》3篇论文，主张"科学诠释鲁迅"，旗帜鲜明地提出捍卫"旗手和民族魂"的鲁迅是捍卫民族大义之所在，鲁迅可以批判，应在科学理性的批判中继承、弘扬鲁迅所代表的民族智慧、民族正义与民族精神；不能容忍肆意甚至恶意污损、诽谤"旗手与民族魂"成为一种社会病毒似的消极时尚，通过妖魔化鲁迅误导社会。这是历史和未来所赋予国人的社会责任。学术界应有所担当，《文化学刊》责无旁贷。

本人作为以"职业学者"为第一学术身份的学刊总编辑，自当有办刊自觉与自信。这就是，我不回避在自己主编的刊物上刊发自己的文章，并承诺除特殊情况外，我的文章首选发在《文化学刊》，因为我自信会给学刊带来声誉。当然，这还有个前提，那就是本人稿债颇多，很少有发不出去的文章，可以避去无处发表之嫌。以至于有的文章如《应予关注的"另类濒危语言"：民间隐语行话》《论方问溪〈梨园话〉及其戏剧史意义》《祛魅驱霾：科学地解读并升华古老的巫术智慧》《"侨批"隐语与梅州"下市话"等小地域乡土秘密语现象卮议——关于民俗语言文化遗产抢救性保护的田野调查札记》等，刊出后反响颇好，不免有人会惋惜我没把这样的重头稿子交给有些"名刊"发表，损失了一笔不小的褒奖。非但如此，甚至，为一些重要选题的急需，本人不惜暂时搁置手头"刚刚入港"兴致正浓的研究与书写，临时"跨领域"撰写"急就章"。如，《自然灾害研究的人文社会科学探索视点》《卮议"五个鲁迅"》等。作为学者，自当是"术业有专攻"。我有自己刻苦钻研了几十年的"专长"学术领域，相关的学术兴趣与激情至今一直都很浓烈。现实生活中的专家学者都脱离不开现实社会生活的思想文化，都负有身为学者的社会责任和必须直接面对并以学者的理性明辨是非。即如我在一篇论文结尾简略谈到的，"作为吮吸着鲁迅精神成长一生、一向敬仰鲁迅的后生社会成员，直面'五个鲁迅'，权作'卮议'以言之，自当发声"。面对一波接一波愈演愈烈的贬损、妖魔化鲁迅的现象，面对"唱衰鲁迅"思潮的严峻态势，作为学者要发声，作为我主编的《文化学刊》，理所当然地更应发出学术界的正义理性之声，就是要以科学规范、学术规范积极参与论争，体现科学与学术的"正能量"。

"积极办刊"的多重基本要素，还应包括围绕刊物自身的办刊主旨、办刊理念和办刊方略，积极策划相应的选题，组织相应的学术会议和稿件，在学术研讨中检验选题并精选稿件，通过有所选择地举办、合办一系列学术会议、学术活动实现本刊的办刊主旨、办刊理念和办刊方略。例如，除依傍杂志主办单位的优长学科资源长期开设《民俗语言学》《民俗语言珍稀文献研究以及民俗语言探源》《汉语隐语行话研究》等栏目，刊发大量专题论文外，还发起并主办、合办了世界典当业史上"首届世界典当论坛——国际典当学术研讨会"、"语言与民俗"第三届国际学术研讨会、"中国现实语言生活中的隐语行话研究学术研讨会"等专题学术会议。这些学术活动，在积极推进该领域学术研究的同时，也有效地精选了一批精品学术论文，同时还给刊物带来了一定的品牌效应。

四

"闲将岁月观消长，静把乾坤照有无。辞比离骚更温润，离骚其奈少宽舒。"（宋·邵雍《谢富相公见示新诗一轴》）2016年5月，我借往常州讲学间隙，特地到青果巷"周有光图书馆"参观，向庭院中周老伉俪塑像鞠躬致意时，乃至几个月之后站在郑州大学西亚斯国际学院第十八届国际文化节的讲台上，解读周老"要从世界来看国家，不要从国家来看世界"命题的时候，都油然想起北宋著名理学家、数学家和诗人邵雍的这几句诗来。尽管周老年事很高，但是头脑清晰，肯于思考并善于思考，文笔清新隽永，立论自辟蹊径。这些思考，最终形成了他的"全球化时代的世界观"，提出了具有

"文化启蒙思想"和时代意义的重要命题。这四句诗，岂不正可用作周老的写照吗？

自读小学二年级开始学习汉语拼音，到使用电脑仍受益良多，而且"混迹"于语言学领域几十年。但确切知道周有光是汉语拼音方案的主创者，还是近年的事情。特别是读过周老若干著作之后，尤其产生了对这位长寿文化学人的格外崇敬。我想，尽管《文化学刊》的《学林人物》栏目颇有影响，却已不是一个"学林人物"所可彰显的了——周老应属于一个特例。2012年初冬，在学界友人的引荐下，我专程前往北京拜访了周有光先生。承周老赞许，自此之后，《文化学刊》每年都在他老人家华诞做一个庆贺专题，借以践行周老题词"《文化学刊》，促进文化"的重托。于是，在2013年1月出版的第1期，特别组织了"文化精神之光：文化老人周有光109岁贺寿专题"，编发了13篇评述周有光先生的人生与学术历程的文章，为文化老人周有光先生贺寿。

周老认为："文化是历史的精髓，抽去文化，历史就成了时间的空壳。文

周有光先生为《文化学刊》题"《文化学刊》，促进文化"

周有光题词"文化学刊，促进文化"，王力春篆刻

化是人生的精神，离开文化，人生就会有形而无神。文化是一种人类的独特创造物，也是人类社会所独有的存在物。正是文化的出现，使人类与动物区分开来；正是文化的出现，使地球有了不同的生命力。"虽非长篇高谈阔论，只是朴素、平实地娓娓道来，却是言之凿凿的至理，真知灼见，确然无疑。

社会文化是围绕"人"发生、发展的动态文化。大数据时代的社会文化发展变化节奏不断提速。作为学术刊物，势必要积极应对如何关注文化

周有光先生与曲彦斌合影

问题的大容量，贴近社会现实的快节奏，引领文化学术的最前沿。为此，《文化学刊》从2015年起由双月刊改为月刊，从而成为唯一的一份快节奏、大容量、综合性社科类文化学术月刊。毋庸讳言，其中，也隐含着本人逼近古稀之年的紧迫之感。

五

如果说，钱锺书《管锥编》的旁征博引涉嫌"掉书袋"的话，不管他人怎么看，我倒是很喜欢"掉书袋"的。或许，这与我一向喜欢做考据探源的习惯有关。但若说未免涉嫌卖弄学问，绝不敢当。明明自己没什么学问，情何以堪？审视一下，只是喜欢如此书写和表述而已，"恶习难改"而又"习焉不

察"。

中国的传统数字文化，颇看重"十百千"之类。"十年"啊，古人以其自身的感悟抒发心曲，我等亦不妨借以倾诉一二。

"十年磨一剑，霜刃未曾试。"（唐·贾岛《剑客》）对于《文化学刊》而言，其"剑"，乃学术之公器也。不过，过去的十年，期期都在"磨剑、试剑"。我说，编刊若读诗、作诗，若雕琢、守律，期期都在"雕琢、守律"的过程之中。堪谓"白头岁暮苦相思，除却悲吟无可为。枕上从妨一夜睡，灯前读尽十年诗"（唐·白居易《岁暮寄微之三首》）。初衷犹在，不尽如人意者颇多。"叠叶与高节，俱从毫末生。流传千古誉，研炼十年情。"（唐·方干《方著作画竹》）我要说，办刊十年，坚守了十年，不求"千古誉"，但得"十年情"，外加一知己也。那位办刊知己兼人生好友，乃"世尊其彬彬珺雅，余敬之谦谦君子"的赵亚平先生。忆及我们为之苦思冥想、尽心竭力和一路的坎坎坷坷，"戚戚一西东，十年今始同。可怜歌酒夜，相对两衰翁"（唐·卢纶《酬李益端公夜宴见赠》）。"相对两衰翁"者，即为学刊操劳十年有余的我与赵亚平先生。我曾戏言："《文化学刊》是我们共同抚育的孩子。"事实也是如此，我们的学术激情和工作热忱，催生并浇灌了《文化学刊》。"把袂相欢意最浓，十年言笑得朋从。怜君节操曾无易，只是青山一树松。"（唐·马云奇《赠邓郎将四弟》）说起来，"十年陈事只如风"（唐·韦庄《鄜州留别张员外》），唯"甘苦寸心知"。其间，几多快乐与苦恼，几多故事，且留作日后把盏谈资罢。

陶潜有道，"十年著一冠"（《拟古九首》其五），"十年学读书，颜华尚美好"（南北朝·江淹《效阮公诗十五首》其二）；又有云"一年之计，莫如种谷。十年之计，莫如树木"（隋·无名氏《贾思勰引谚论种谷树木》）。周有光历经人生有知有力的三个十年，百岁而后更铸辉煌，幸哉！"十年常远道，不忍别离声。况复三巴外，仍逢万里行。"（唐·元稹《别岭南熊判官》）按照规则和规律，我将很快告别《文化学刊》的编辑生涯。好在"身名不问十年余，老大谁能更读书。林中独酌邻家酒，门外时闻长者车"（唐·王缙《与卢员外象过崔处士兴宗林亭》）。

张森根先生称："周先生一生分了三个阶段：50岁以前他是个银行家；50岁到85岁，共35年，他是语言文字学家，他的精力都倾注在语言文字学；85岁以后，共25年，他是启蒙思想家。我认为，周先生在第二段人生中立下了不起的功绩，但第三段的闪光点，不亚于第二段，甚至比第二段还要了不起。""终身教育，百岁自学"的周有光先生秉承老一代学人的学术传统，从85岁开始，甚至在跨越百岁华诞之后，精神矍铄而不失思想睿智的他，仍然以其独特的风格对人类文明和中外历史经验教训进行新的审视，而且笔耕不辍，发表了一系列深入探讨社会文化问题的文章。

非常羡慕周老的长寿与睿智。如果说，创办《文化学刊》算作是本人有幸成就的一件事情，那么，还期望晚年能够有幸完成酝酿、积累、探索已久并有兴致的更多学术成果。愿此期许如愿。

拉杂这些，未免容易扯多或跑题了。诸多感慨，且留待《文化学刊》百期之际再续言之。

【方寸箴言发微胜录】

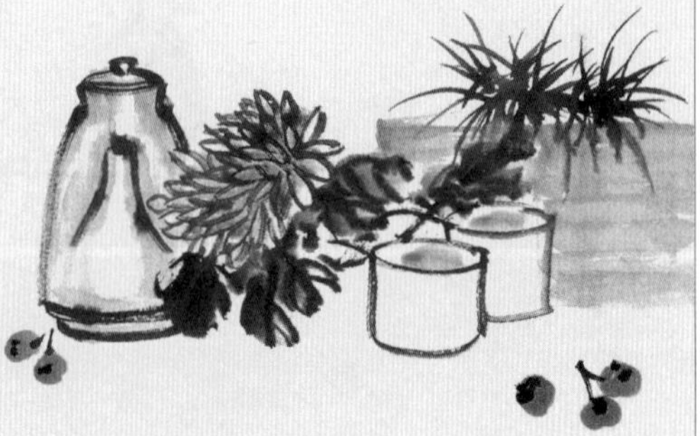

"年年岁岁花相似，岁岁年年人不同"

年年岁岁花相似，岁岁年年人不同

　　汉语的"元"是"初""始"之意，"旦"谓"日子"，合称为"元旦"，指"初始的日子"，亦即每年的第一天。中国传统的元旦向指夏历正月初一，传说源起于黄帝之孙、昌意之子、号高阳氏的颛顼，迄今已有四五千年的历史。

释"年"

　　在传统节日习俗中，年通称"新年"，因时间上与"立春"节令相距较近，又习称"春节"。至公元1911年孙中山建立中华民国通电全国采用公历，开始把农历的正月初一叫做"春节"，把公历的1月1日叫做"元旦""新年"。

这样，中国人每年都会过两个年，一个新年，一个春节。1949年9月27日，中华人民共和国成立前夕，中国人民政治协商会议第一届全体会议决定采用世界通用的公元纪年法，每年的1月1日叫做"元旦"，但民间至今仍习惯叫"过新年"，过春节则叫"过大年"。

关于汉语"年"的意义，禾谷通常一年一熟，是为"年成"。东汉许慎的《说文解字·禾部》："季（年），孰（熟）也。"较其更早的甲骨文"年"字，便是一个人背负着成熟的禾的象形构造，象征着收成、收获，亦即俗语所谓的"年成"。清代《成都年景竹枝词》所咏"过年火炮响连天，纸说全红子说千。就是贫家生计薄，朝朝也放霸王鞭"，正是人们祈盼好年成的写照。清杨抡《芙蓉湖棹歌》中"稻花齐放绿盈畴，盼到登场始解忧。更愿上流湖广熟，十分年岁喜丰收"的"年岁"，亦指收成。中国文化始于农耕文化，由此自然而然地衍生出"年"的时间意义。如清代段玉裁《说文解字注》释云："季（年），谷孰（熟）也。《尔雅》曰：'载，岁也。夏曰岁，商曰祀，周曰年，唐虞曰载。年者，取禾一孰（熟）也。'从禾，千声。奴颠切。古音在十二部。《春秋传》曰：'大有年。宣十六年经文。'《榖梁传》曰：'五谷皆孰为有年。五谷皆大孰为大有年。'"

关于"过年"习俗由来的民间解读，过年、过春节传统的意义何在？

因时因地众说纷纭。民间传说，"年"是一种为人们带来厄运的不吉祥怪兽，由此衍生出了过年放烟花爆竹以驱怪兽的祛邪祈吉习俗。这是一个流布甚广的古老传说。试问何以如此？想是这种怪兽不是祸害庄稼，便是抢劫、掠夺人们的收成。人们本能地自卫保护关乎自身生存的一年到头的劳动果实——"年成"，而只是用烟花爆竹惊跑它，并非消灭它，不是当时能力有限力所不逮，便是体现人类的善良厚道。这个流传较广的古老传说，同样印证着"年"源自农耕文化的历史痕迹。

爆竹声中一岁除，欢天喜地过大年

历代诗词曲赋楹联，有关"年"题材的作品甚众。究其本源，主要有三：一是庆贺一年的收获，二是祈愿新一年顺遂如愿，三是感叹时序流转和励志。

庆贺与祈愿者，如宋代诗人王安石的《元日》诗"爆竹声中一岁除，春风送暖入屠苏。千门万户曈曈日，总把新桃换旧符"，几乎家喻户晓；春联"天增岁月人增寿，春满乾坤福满门"，可谓千古经典的"年对"，无不饱含着庆贺与祈愿，洋溢出"欢天喜地过大年"的喜庆情结。

南朝梁徐君倩曾有一首《共内人夜坐守岁》诗描绘夫妻守岁待晓情景："欢多情未极，赏至莫停杯。酒中喜桃子，粽里觅杨梅。帘开风入帐，烛尽炭成灰。勿疑鬓钗重，为待晓光催。"苏东坡在《岁晚三首续》里说："岁晚……酒食相邀呼为'别岁'；至除夕夜达旦不眠为'守岁'。"

西晋周处《风土志》载，除夕之夜各相与赠送称"馈岁"，酒食相邀谓之"别岁"，长幼聚饮祝颂称作"分岁"，阖府终夜不眠以待天明则曰"守岁"。苏东坡有《岁晚三首》，诗题甚长：《岁晚相与馈问，为馈岁；酒食相邀，呼为别岁；至除夜，达旦不眠，为守岁。蜀之风俗如是。余官于岐下，岁暮思归而不可得，故为此三诗以寄子由》。分别吟咏馈岁、别岁、守岁。如其写守岁：

欲知垂尽岁，有似赴壑蛇。修鳞半已没，去意谁能遮。

况欲系其尾，虽勤知奈何。儿童强不睡，相守夜欢哗。

晨鸡且勿唱，更鼓畏添挝。坐久灯烬落，起看北斗斜。

明年岂无年，心事恐蹉跎。努力尽今夕，少年犹可夸。

唐代，除夕守岁已盛行。唐太宗李世民的《守岁》诗中写道："暮景斜芳殿，年华丽绮宫。寒辞去冬雪，暖带入春风。阶馥舒梅素，盘花卷烛红。共欢新故岁，迎送一宵中。"将守岁的风雅之情表达得淋漓尽致。诗人白居易在题为《客中守岁》中吟咏："守岁尊无酒，思乡泪满襟。"表达了游子在新年来临之际对故乡的深切思念。宋人舒岳祥的《守岁行》尤见世人守岁心情：

  一年辛苦岁终成，夜杵相闻晓甑香。缸面浮蛆初潋滟，小槽压作春檐鸣。
  东邻麦磨连日响，饼料已具荾牙长。磨刀霍霍割红鲜，银鬣翻光趁湖上。
  岁阑无事且招邀，邻曲披榛共来往。为言今岁胜去年，来岁应须更胜前。
  去年除夜各走险，荒村千里无人烟。今年山舍一炉火，妻子甥孙相对坐。
  巷翁里媪在眼前，共酌瓦盆行果蔌。只怜旧岁去无还，惜此须臾未去间。
  多情一宿尚难别，况是相同一岁阑。固知无计得留驻，只怕眠中不知去。
  添灯续火甚殷勤，起写桃符觅诗句。

"一夜连双岁，五更分两年。"杨万里《乙丑改元开禧元日》"夜半梅花添一岁，梦中爆竹报残更。方知人喜天亦喜，怎么钟鸣鸡未鸣"，欢度新年的喜悦之情洋溢字里行间。

除夕祭祀书神

  鲁迅一生爱书、藏书、写书。在1901年2月18日周作人日记中，保存有青年鲁迅撰写的《祭书神文》。当时，时年20岁的鲁迅回家乡度寒假过大年。除夕之夜，他依照读书人的年俗惯例，写了这篇《祭书神文》。全文为：

  上章困敦之岁，贾子祭诗之夕，会稽戛剑生等谨以寒泉冷华，祀书神长恩，而缀之以俚词曰：
  今之夕兮除夕，香焰绌缊兮烛焰赤。钱神醉兮钱奴忙，君独何为兮守残籍？华筵开兮腊酒香，更点点兮夜长。人喧呼兮入醉乡，谁荐君兮一觞。绝交阿堵兮尚剩残书，把酒大呼兮君临我居。湘旗兮芸舆，挈脉望兮驾蠹鱼。寒泉兮菊菹，狂诵《离骚》兮为君娱。君之来兮毋徐徐，君友漆妃兮管城侯。向笔海而啸傲兮，倚文冢以淹留。不妨导脉望而登仙兮，引蠹鱼之来游。俗丁伦父兮为君仇，勿使履阈兮增君羞。若弗听兮止以吴钩，示之《丘》《索》兮棘其喉。令管城脱颖以出兮，使彼惵惵以心忧。宁招书癖兮来诗囚，君为我守兮乐未休。他年芹茂而檓香兮，购异籍以相酬。

考究起来，除夕祭祀书神的士林年俗当始于贾岛。唐冯贽《云仙杂记》卷四记载，年终岁首，诗人贾岛每年除夕都要"祭诗"："取一年所得诗，祭以酒脯，曰：'劳吾精神，以是补之。'"以为自勉。宋戴复古《壬寅除夜》："今夕知何夕，满堂灯烛光。杜陵分岁了，贾岛祭诗忙。横笛梅花老，传杯柏叶香。明朝贺元日，政恐雨相妨。"说的也是此事。又元辛文房《唐才子传》卷五："（贾岛）每至除夕，必取一岁所作置几上，焚香再拜，酹酒祝曰：'此吾终年苦心也。'"后世乃因以"祭诗"为典，表示作者自祭其诗借以自慰，并被写入主要是介绍中国历史上的人物典故和逸事的蒙学读物《龙文鞭影》："韩琦焚疏，贾岛祭诗。"毛晋、黄丕烈等明清藏书家亦相沿成习，于每年除夕举行祭书仪式，祈求天助神佑，成为士林佳话。

至于"书神"所指何人，历来多说是长恩。最早见于五代末宋初吴淑的《秘阁话》所记："司书鬼名曰长恩。除夕呼其名而祭之，鼠不敢啮，蠹鱼不生。"明无名氏的《致虚阁杂俎》书中所载与之相同。晚清李汝珍《镜花缘》亦言："古人言，司书之仙名'长恩'，到了除夕，呼名祭之，蠹鱼不生，鼠亦不啮。妹子每每用之有效。但遇梅雨时也要勤晒，着听其朽烂，大约这位书仙也不管了。"相传清末曾任湖南学政的江标曾专门刻制一方绘有长恩像的藏书印，像的四周书曰："大清光绪十二年十二月朔三十日，书窟弟子江标敬造长恩像一区，愿鼠不敢啮，蠹鱼不生，永充供养。"以之加盖书上祈愿神灵护书。

迎新守岁"五步诗"

曹植的《七步诗》:"煮豆持作羹,漉菽以为汁。萁在釜下燃,豆在釜中泣。本是同根生,相煎何太急。"可以说妇孺皆能成诵。《世说新语》所记述的"七步成诗"掌故,亦可谓经典故事。

唐代宫廷有除夕迎新守岁之俗,沈佺期的《守岁应制》描述的即此情景:

南渡轻冰解渭桥,东方树色起招摇。天子迎春取今夜,王公献寿用明朝。

殿上灯人争烈火,宫中侲子乱驱妖。宜将岁酒调神药,圣祚千春万国朝。

再如杜审言的七律《守岁侍宴应制》亦然:

季冬除夜接新年,帝子王孙捧御筵。宫阙星河低拂树,殿廷灯烛上薰天。

弹弦奏节梅风入,对局探钩柏酒传。欲向正元歌万寿,暂留欢赏寄春前。

宴饮中,赏罢傩舞,则君臣唱和,应制作诗,颇多雅趣。唐太宗李世民作有《守岁》和《除夜》诗,唐高宗李治有《守岁》诗。甚至,唐玄宗开元时的除夕应制作诗活动还出现了五步守岁诗。据《全唐诗》卷一一五载:"史青,零陵人,聪敏强记。开元初,上书自荐能诗云:'子建七步,臣五步之内,可塞明昭。'明皇试以除夕、上元、竹火笼等诗。"于是其当即"应口而出"一首《除夜》诗:

今岁今宵尽,明年明日催。寒随一夜去,春逐五更来。

气色空中改,容颜暗里回。风光人不觉,已著后园梅。

唐玄宗当场盛赞其才,立马授以"左监内将军"之职。左监内将军是当时掌管宫殿门禁及守卫之事的正四品主官,官阶可谓不低,官位亦可谓至尊也。显然,对于史青来说堪谓新年喜上添喜、双喜临门、开门大吉也。且不论唐玄宗封官是否太随意了点,但史青终是以其才华出众获得官位,亦当自得。遗憾的是，除留下这个除夕"五步成诗"的掌故以外，史青事迹极少见诸史籍，即或是这首五步而成的应制诗《除夕》的著作权归属亦在存疑之列，或说是开元进士王谚的作品。清初编纂的《全唐诗》所辑是诗题注有"一作王谚诗"字样。尽管如此，继曹植的《七步诗》之后，"五步成诗"掌故，连同后来北宋名臣寇准的七岁"三步成诗"《咏华山》一道，名载掌故诗史。

感叹时序流转和励志

从久远的时代起，木匠就知道树干里面有年轮，有了年轮，木材上才出现了纹理。据知，亚里士多德的同事就曾提到过年轮，不过到达·芬奇时才第一次提出年轮是每年增加一圈的。

记得40多年前"插队"辽北山村当"知青"时，常听老农念叨："庄稼这玩意儿，你糊弄它一时，它就耽误你一年。"尽管那是个天天高喊"人定胜天"的年代，老农也时刻不忘这一基本道理。因为，年复一年乃至世世代代的经验告诉他们，一家老幼赖以为生的是"年成"，实在是糊弄不起的。

古代智者哲人多有感叹时光飞逝言论，如"逝者如斯夫，不舍昼夜"（孔子），"人生天地之间，若白驹过隙，忽然而已"（《庄子·知北游》），"盛年不重来，一日难再晨。及时当勉励，岁月不待人"（陶渊明《杂诗十二首》之一），"志士惜日短，愁人知夜长"（晋·傅玄《杂诗》），"年来空自老，岁去不知春"（南朝梁·荀济《赠阴梁州》），"黄河清有日，白发黑无缘"（唐·刘采春《啰唝曲》），"花有重开日，人无再少年"（元·关汉卿《窦娥冤·楔子》），"天可补，海可填，南山可移。日月既往，不可复追"（曾国藩），等等。至于文嘉的《今日诗》《明日歌》，更是童蒙常谈，妇孺皆知。

"一月月相似，一年年不同。"（唐·许棠《新年呈友》）时值"一夜连双岁"的除夕或元旦新年，人们尤其会生发感慨，赋诗言志，颇多惜时奋进、醒世警人而富有节日情趣的名诗佳句。如唐卢仝《守岁二首》其一云："年去留不住，年来也任他。当炉一榼酒，争奈两年何"；杜甫《杜位宅守岁》所云："四十明朝过，飞腾暮景斜。"均属感叹岁月如梭的心境。其他如张说《钦州守岁》诗云"故岁今宵尽，新年明旦来。愁心随斗柄，东北望春回"，苏轼《守岁》诗云"明年岂无年，心事恐蹉跎。努力尽今夕，少年犹可夸"，梅尧臣《除夕》诗云"莫嫌寒漏尽，春色应来早。风开玉砌梅，熏歇金炉草。稚齿喜成人，白头嗟更老。年华日夜催，清镜宁长好"，等等，皆属感叹时序流转和励志之佳作。

"烛影摇红焰尚明，寒深知已积琼英。老夫冒冷披衣起，要听雄鸡第一声。"清代著名学者赵翼几乎倾其毕生之力在84岁时完成了一部内容博洽、史料丰富的笔记《檐曝杂记》，85岁高龄的他又在新年前夜满怀豪情写下了这首《除夕》诗，祈盼的正是新年新作为。果不其然，岁月没有辜负这位老人的心志。嘉庆十七年（1812年），其86岁时，《瓯北全集》由湛贻堂刊行于世。次年十月，即其谢世的前一年，已是87岁高龄的他最后一次亲赴马迹山攀登，并留下精湛的题词和中堂对联。

文徵明的《除夕》诗

明代的"江南四大才子"，又称"吴门四才子"，是指生活在苏州的唐伯虎、祝枝山、文徵明和徐祯卿四位才华横溢且性情洒脱、风流倜傥的文化人。文徵明（1470—1559），名壁，字徵明。42岁起以字行，更字徵仲，长州（今江苏苏州）人。因先世系衡山人，故号"衡山居士"，世称"文衡山"。文徵明的才艺受业于吴宽，擅长诗文书画，诗宗白居易、苏轼，书学李应祯，画学沈周。曾官翰林待诏，卒年90岁，是古代为数不多的高寿文学艺术大家。文徵明一生写了若干首《除夕》诗，如：

> 拨尽炉灰夜欲晨，不知飘泊潞河滨。灯花自照还家梦，道路谁怜去国人。

> 浩荡江湖容白发，蹉跎舟楫待青春。只应免逐鸡声起，无复鸣珂候紫宸。

尤其值得关注的是其25岁那年除夕一口气写下的五首《除夕》诗：

> 千门万户易桃符，东舍西邻送历书。二十五年如水去，人生消得几番除？
> 多事关心偶不眠，随人也当守残年。不须更说新春事，来岁今宵在目前。
> 人家除夕正忙时，我自挑灯拣旧诗。莫笑书生太迂阔，一年功事在文词。
> 小童篝火洁门间，为说新年忌扫除。却有穷愁与多病，无因岁晚一般驱。
> 遥夜迟迟烛有花，家人欢笑说年华。人生勿苦求身外，常得团圆有几家！

五首除夕诗，既描述了"易桃符""送历书""篝火洁门间"及"忌扫除"等年俗，又感慨人生短暂、自勉要珍惜青春年华奋力进取，是不可多得的除夕诗精品之作。当然，此时此刻他还未能预料到今后人生的艰难和江湖险恶。从26岁至53岁，他先后10次应举均不幸落第。直至其54岁书画已负盛名的时候，方才得工部尚书李充嗣的推荐得以贡生进京，获授职低俸微的翰林院待诏。若再写除夕诗，当时只有无限的苍凉心境了。

1933年元旦：鲁迅手书两诗赠友人

许广平曾说："我们无所谓元旦，也无所谓节日的。"（《元旦忆感》）但鲁迅与常人一样也是要过年节的，也要有年节的快乐。1933年这个新年，鲁迅就过得很快活、充实而丰富多彩。1933年1月25日，已经53岁而多病的鲁迅兴致颇高，他在日记中写道："旧历除夕也，治少许肴，邀雪峰夜饭，又买花爆十余，与海婴同登屋顶燃放之，盖如此度岁，不能得者已二年矣。"

1933年1月26日，元旦。《鲁迅日记》述及其两首自撰诗。日记写道：

旧历申年元旦。昙。下午微雪。夜为季市书一笺，录午年春旧作。为画师望月玉成君书一笺，云："风生白下千林暗，雾塞苍天百卉殚。愿乞画家新意匠，只研朱墨作春山。"又戏为邬其山生书一笺，云："云封胜境护将军，霆落寒村戮下民。依旧不如租界好，打牌声里又新春。"已而毁之，别录以寄静农。改"胜境"为"高岫"，"落"为"击"，"戮"为"灭"也。

日记中的望月玉成，日本画家。邬其山者，系鲁迅的日本挚友内山书店老板内山完造（1885—1959）自起的汉名。静农者，乃早年的"未名社"成员，曾经师事鲁迅并甚有交往，通信达69封之多的著名作家、文学评论家、书法家。后一首诗原无标题，在写给台静农的字幅上，有"申年元旦开笔大吉并祝静农兄无咎。迅顿首"。次年，当编入《集外集》时，鲁迅自题该诗为《二十二年元旦》，并将"依旧"改为"到底"。一如鲁迅后来在给台静农的信中所更正的"以酉为申，乃是误记，此种推断，久不关心，偶一涉笔，遂即以猢狲为公鸡也"，本日《鲁迅日记》中所说的"申年"以及写给台静农的字幅上的"申年"，均为"酉年"之误。

这个新年以及所作本诗之际，正值"一·二八"淞沪抗战一周年，诗人的心境与用意跃然纸上。随即，就《东方杂志》征稿1933年"新年的梦想"，鲁迅在1933年4月15日沪上《文学杂志》第1号上发表了一篇《听说"梦"》，亦可参见鲁迅此际的心境。文章写道：

做梦，是自由的，说梦，就不自由。做梦，是做真梦的，说梦，就难免说谎。

大年初一，就得到一本《东方杂志》新年特大号，临末有"新年的梦想"，问的是"梦想中的未来中国"和"个人生活"，答的有一百四十多人。记者的苦心，我是明白的，想必以为言论不自由，不如来说梦，而且与其说所谓真话之假，不如来谈谈梦话之真，我高兴的翻了一下，知道记者先生却大大的失败了。

……

其实是记者的所以为"载道"的梦，那里面少得很。文章是醒着的时候写的，问题又近于"心理测验"，遂致对答者不能不做出各各适宜于目下自己的职业、地位、身分的梦来（已被删改者自然不在此例），即使看去好像怎样"载道"，但为将来的好社会"宣传"的意思，是没有的。所以，虽然梦"大家有饭吃"者有人，梦"无阶级社会"者有人，梦"大同世界"者有人，而很少有人梦见建设这样社会以前的阶级斗争，白色恐怖、轰炸、虐杀、鼻子里灌辣椒水、电刑……倘不梦见这些，好社会是不会来的，无论怎么写得光明，终究是一个梦，空头的梦，说了出来，也无非教人都进这空头的梦境里面去。

面对新旧更替时刻，还是明代工诗善画、以画梅见称的陈宪章两首《元旦试笔》写得好：

天上风云贺会期，庙谟争遣草茅知。
邻墙旋打娱宾酒，稚子同歌乐岁诗。

老去又逢新岁月，春来更好有花枝。
晚风何处江楼笛，吹到东溪月上时。

1933年《东方杂志》第30卷第1号"新年特大号"封面

印文背后千载难解的舅杀甥除夕诗疑案

《飞鸿堂印谱》第二集所辑清张钧篆刻"年年岁岁花相似,岁岁年年人不同",印文章法错落有致,线条柔和秀美,整体上给人以赏心悦目的祥和之美。印文语出《全唐诗》所辑录的刘希夷拟乐府诗《代悲白头翁》。诗云:

洛阳城东桃李花,飞来飞去落谁家?
洛阳女儿惜颜色,坐见落花长叹息。
今年花落颜色改,明年花开复谁在?
已见松柏摧为薪,更闻桑田变成海。
古人无复洛城东,今人还对落花风。
年年岁岁花相似,岁岁年年人不同。
寄言全盛红颜子,应怜半死白头翁。
此翁白头真可怜,伊昔红颜美少年。
公子王孙芳树下,清歌妙舞落花前。
光禄池台文锦绣,将军楼阁画神仙。
一朝卧病无相识,三春行乐在谁边?
宛转蛾眉能几时?须臾鹤发知如丝。
但看古来歌舞地,唯有黄昏鸟雀悲!

这是一首历来被视为名篇的苍凉甚至凄美的"醒世"佳作。不过,作者的名声始于身后。刘肃《大唐新语》卷八记有其故实轶事:"刘希夷,一名挺之,汝州人。少有文华,好为宫体,词旨悲苦,不为时所重。善琵琶。尝为《白头翁咏》曰:'今年花落颜色改,明年花开复谁在?'既而自悔云:'我此诗似谶,与石崇白首同所归何异也?'乃更作一句云:'年年岁岁花相似,岁岁年年人不同。'既而叹曰：'此句复似谶矣，然死生有命，岂复由此？'乃两存之。诗成未周，为奸所杀。或云宋之问害之。后孙翌撰《正声集》，以希夷为集中之最，由是稍为时人所称。"又据韦绚《刘宾客嘉话录》："刘希夷诗曰：'年年岁岁花相似，岁岁年年人不同。'其舅宋之问苦爱此句，知其未示人，恳乞，许而不与，之问怒，以土袋压杀之。"宋之问（656—712），是初唐与沈佺期齐名、名重一时的著名诗家。因其政治上趋炎附势，曾因媚附武则天的宠臣张易之而获罪，一向声誉不佳。至于真的如坊间传说那样因为一句诗就杀了外甥刘希夷，于情于理皆不可解。事实究竟如何？不得而知，却给历史留下了一桩千载难解的除夕诗疑案。

印人张钧乃当时民间篆刻艺术家，虽说成就卓著，名重一时，但因不曾考取功名和出仕，其生平事迹于各种正史无载。汪启淑《飞鸿堂印人传》的一大贡献，便是记载了当时众多民间艺术家的事迹，使之得以传世不致湮没。据该书卷三《张镜潭传》记载：

> 张镜潭，名钧，字右衡，安徽歙县水南乡人。去余村甚迩，家世力田，清白相嬗。镜潭生而头角峥嵘，舞勺时甫入家塾，即有志古学。稍长，经书外惟诵史汉古文。师傅授以制义，不乐也。然室无奇书，又苦贫困。偶负笈游汉上，遇一道人，笑谓之曰："子好古而不识字，将何所入门耶？"因称贷戚友，购觅陈仓《石鼓》《禹穴》《峄山》诸碑，忘餐废寝，昕夕研究而讨论焉。遂兼工制印，刀法即苍劲古雅，迨天赋也。性复淳朴，取与不苟。有邗沟族人某，雄于赀，重其诚实，延佐理财，镜潭亦藉以少裕，遇亲串近支，竭力推解，绝不吝。与予交几十五载，所倩镌印甚伙，惜遭胠箧，亡失过半。后复不戒于火，灾及伊室，所藏古碑旧刻、周匜汉鼎、法书名画，及留娱老之资，尽化黑蝶飞去。由是抑郁愤懑，境见艰窘，不数年遂病卒。所著有《镜潭印赏》十卷。

或许，这是对"年年岁岁花相似，岁岁年年人不同"诗意最积极向上的解读与回应。白驹过隙，时光如梭，岁月无情，时不我待，"春来更有好花枝"也。

"冷板凳"之"冷趣"絮语

篆刻"冷板凳自有冷趣"

我的书斋,有两个"斋号"。一曰"雅俗轩",取义于自撰联语"雅俗相间得高趣,跌宕起伏是文章";二曰"冷趣斋",也是取义于自撰联语,即"冷板凳自有冷趣"。不过,后者的下联迄今尚未对上。

通常,人们把那种无须演员化妆和众多乐器伴奏的演唱叫作"清唱",殊不知"清唱"正是所谓的"冷板凳"。据明代被视为"昆腔之祖"的戏曲家魏良辅(明·沈宠绥《度曲须知》)在《曲律》这部著名的古代戏曲理论著作中讲:"清唱,俗语谓之冷板凳,不比戏场借锣鼓之势。" 明代另一位戏曲家王骥德的同名著作亦持如是说。显然,当时之所以把"清唱"说成是"冷板凳",就在于演出时没有更多的声势,演出场子里面那些乐器演奏者的座位都是空着的，相对有乐器伴奏的热烈气氛也未免显得冷清，因而就被形象地说成是"冷板凳"了。在明清市井社会，"冷板凳"不知怎么便演化成了用指遭冷落、寂寞的习常俗语了。例如，明凌濛初《二刻拍案惊奇》卷二二："郭信不胜感激，捧了几百钱，就像获了珍宝一般，紧紧收藏，只去守那冷板凳了。"又如清李宝嘉《官场现形记》第一七回："虽然也没有什么大进项，比起没有发达的时候，在人家坐冷板凳，做猢狲大王，已经天悬地隔了。"当代高阳《胭脂井》小说写道："昨天慈圣召见，特别提到：'说只要我一天管事，决不会让李某人坐冷板凳。'"可见其源远流长而流布甚广。

不过，明代戏曲理论中的"冷板凳"，本谓"冷板曲"。如沈宠绥《度曲须知》所言："我吴自魏良辅为'昆腔'之祖，而南词之布调收音，既经创辟，所谓'水磨调''冷板曲'，数十年来，遐迩逊为独步。"又说：

> 嘉隆间，有豫章魏良辅者，流寓娄、东鹿城之间，生而审音，愤南曲之讹陋也，尽洗乖声，别开堂奥，调用水磨，拍捱冷板，声则平上去入之婉协，字则头腹尾音之毕匀，功深镕琢，气无烟火，启口轻圆，收音纯细。所度之曲，则借《折梅逢使》《昨夜春归》诸名笔，采之传奇，则有"拜星月""花阴夜静"等词。要皆别有唱法，绝非戏场声口，腔曰"昆腔"，曲名"时曲"，声场禀为曲圣，后世依为鼻祖，盖自有良辅，而南词音理，已极抽秘逞妍矣。惟是北曲元音，则沉阁既久，古律弥湮，有牌名而谱或莫考，有曲谱而板或无征，抑或有板有谱，而原来腔格，若务头、颠落，种种关捩子，应作如何摆放，绝无理会其说者。

《曲律》第十条也说："北曲之弦索，南曲之鼓板，犹方圆必资于规矩，其归重一也。"明人王世贞的重要戏曲理论著作《曲藻》中"南北曲不同"也说，"南力在板"，都明确指出板在清唱中的重要性，称之"水磨腔"之谓或"冷板曲"之说，在戏曲音乐理论上强调的均为"板"。由字形字音相同而将乐器之"板"讹为所坐"板凳"之"板",自属常见之事。至于将"冷板曲"讹为"冷板凳",亦属于汉语俗语的"俗词源"之例。何况,昆曲本即民间戏曲艺术,其语言与俗语同样滋生于丰富多彩的民间语言,都属于民俗语言文化的语言艺术。

据说,范文澜很早就曾多次提倡做学问要"坐冷板凳,吃冷猪头肉",《北京大学学报》曾经登载过1956年他在北京大学的一次讲演亦谈及这话。他的意思是,"做学问要专心致志做学问,不慕荣誉,不去追求名利,甘于寂寞;同时也包括做学问过程中不去追随时尚,随风倒,而是要坚持自己的学术方向,不怕别人不重视,要甘于寂寞。他提倡的'坐冷板凳'最主要意思就是专心致志地追求真理"。(蔡美彪:《别误解范文澜提倡的"坐冷板凳"的本意》,《北京日报》2008年5月13日)知识渊博的史学大师范文澜先生,不仅自己一生治学持之以恒,十分刻苦,还经常这样勉励年轻的学者。他说,"做学问不是简单的事情,要下苦功,慢慢地来",要肯于"坐冷板凳",而且"一坐就需十年",也就是要有持之以恒的精神,耐得住清苦、寂寞,才能有所成就。通俗地说就是,只有肯"坐冷板凳",才能吃到"冷猪头肉"这个美味。

关于"坐冷板凳",在学术界有一副至今广为流传的著名对联,上联是"板凳要坐十年冷",下联是"文章不写一句空"。大意是说,做学问要耐得住寂寞,唯有如此才得以积累深厚的功底,下笔写文章时也就不会满纸空话无所根据了。此系著名的元史专家韩儒林教授在一次同范文澜先生就治学问题进行长谈之后,把范先生的一贯治学精神概括为上述对联的十四个字向学生们宣讲。从此,这副关于冷板凳的对联就在学术界广为流传开来,成为鼓励几代学人的著名座右铭。而且,这也是"冷板凳"这个贬义俗语的一种正面的褒义用法的一个范例。

纷繁的世间生活,有各种各样的"冷板凳"。"坐冷板凳"者,自当有

"坐冷板凳"的境界与追求。汉刘安《淮南子·主术训》有道:"是故非澹漠无以明志,非宁静无以致远。""澹泊明志,宁静致远",则是"坐冷板凳"所必需的境界之一。因为"至于宽闲之野,寂寞之滨,每自寓其天怀之乐,而澹泊明志,宁静致远,未尝不处处流露"(清·无名氏《杜诗言志》卷三)。"冷板凳"是一种刻苦与专注,需要持之以恒的耐力,需要抵得住世俗种种诱惑的定力。"冷板凳"之"冷趣",绝非一蹴而就、唾手可得那么易得。因为,其本质既是一种修养,也是一种付出和牺牲。甚至为了成功与成就,有时还需要刻意为自己制造个"冷板凳"。在这方面,许多学界大师为我们作出了榜样。著名数学家陈省身先生曾经说过:"一生为求宁静。"认为"一个人一生中的时间是个常数,能集中精力做好一个事已属不易",从而进入了拒绝外界五彩缤纷诱惑的"宁静"境界,以一生的追求所获得的卓越建树在世界数学史上写下了光辉的篇章。

我年轻时,十分喜爱苏东坡《水调歌头》那首词的意境,曾把其中的"人有悲欢离合,月有阴晴圆缺,此事古难全;但愿人长久,千里共婵娟"抄示给热恋中的"伊人"。后来,不仅抄给"伊人"的"此事古难全"成了"天各一方"的不幸谶语,那"高处不胜寒"的冷寂,竟也真的成了我半生枯坐"冷板凳"治学的实际写照。对于旧时同窗、友人而言,我从"平民"跻身于"学者"之林,虽一向以"平民学者""平民教授"自诩,"平民习气"难改,但毕竟由于时间、精力等所限,同原来那些友人的联系少了许多;特别是有些年很少与外界联系,躲在书斋埋首案头专心致志写学术专著,社交活动、日常应酬几乎压到了最低点,难免使人有一种"高处不胜寒"的冷寂之慨。孰知,我本是热心肠的性情中人。其中苦与乐,可谓禅宗语录上说的"冷暖自知"矣。

既然坐在了冷板凳上,也就不免与"冷"字结缘。例如,唐代诗人陆龟蒙有诗道:"冷梦汉皋怀鹿隐,静怜烟岛觉鸿离。"那"冷梦"则是一种孤寂凄凉之梦啊。古来追求事业者前赴后继无尽其数，然而"事业有成"者，毕竟属于少数。我当初不正是这样做着期望学术上"成名成家"的"冷梦"跻身到冷板凳上来的吗？做起学问来，一头就扎进了故纸堆，也是一"冷"。而研究的领域，却也多是所谓的"冷门"。"冷门"本是旧时赌场的行话，指的是很少有人下注的一门。流传到社会上，就用来比喻通常很少被人们注意的或是不时兴的事物。坐"冷板凳"，治"冷门学问"，或别辟蹊径，亦不乏"冷趣"，亦为成功的一种路径。著名文史学者、民俗学家黄华节的《性的"他不"》《什么是"胎教"》《桃符考》《胭脂考》等，江绍原先生的《发须爪》《端午竞渡本意考》《中国古代旅行之研究》《太玄新解》等，诸如此类的微观研究成果，绝非浮躁之士所能一蹴而就的。

明代陶宗仪在《辍耕录·不苟取》中说："特立独行，刚介有守。"亦如宋代张载所言："学贵心悟，守旧无功。"别辟蹊径，拓荒创新，正是"冷板凳"上做学问的特点和真谛。如今，我已经坐了廿多年的"冷板凳"了。我说"冷板凳自有冷趣"，不仅是出自对学术追求的自勉，也饱含着自身治学经历的体悟，"甘苦寸心知"也。不过，"蓦然回首"，也会禁不住为这么多年的付出而获得的"冷趣"略感自得，当然，也就更加坚定了对"冷趣"的痴迷追求，"冷趣"愈浓起来，可道是"颇具魅力的冷趣"。看来，我不仅已为这"冷趣"奉献了青壮年美好年华，还将把这支红烛燃至生命的尽头。因为，既然是以学术作为毕生事业，也只有甘于寂寞"坐冷板凳"，别无他途，鱼和熊掌不能兼得。至于这半生自己都获得了哪些堪以自慰的"冷趣"，学界、社会自有评说，绝非自话自说之事。

凡此种种，似乎唠叨，是为"冷板凳"之"冷趣"之"絮语"。

散议"好人好事"

清林皋篆刻"存君子心，行丈夫事"

"好人"与"贤人"

好人，古谓"贤人"，誉称品德高尚的人，亦即行事能够顺应天道、地道、人道客观规律和规范。《易·系辞上》："有亲则可久，有功则可大。可久则贤人之德，可大则贤人之业。"亦即孔子所云："所谓贤人者，好恶与民同情，取舍与民同统，行中矩绳而不伤于本，言足法于天下而不害于其身，躬为匹夫而愿富，贵为诸侯而无财。如此，则可谓贤人矣。"（《孔子集语》卷九）古人还把好人喻为"美人"，以此比喻品行端正、善良的人，如《诗·魏风·葛屦》："要之襋之，好人服之。"马瑞辰《通释》注云："好人，犹言美人。"唐张鷟《游仙窟》:"昨夜眼皮瞤,今朝见好人。"

《三国志·吴书·楼玄传》:"旧禁中主者自用亲近人作之,或陈亲密近职,宜用好人。皓因敕有司,求忠清之士,以应其选。"这里的"好人",是指"忠清之士"。何为"忠清之士"?忠诚廉正之人也。忠诚廉正之人当不谄,不谄则为"好人"。唐段成式《酉阳杂俎续集·贬误》:"丰乐不谄,是好人也。"说的是北齐高祖皇帝高欢在一次招待文武百官的酒宴上,饮酒至畅快之际,鼓励大家唱歌助兴。于是武卫斛斯丰乐唱歌说:"早晨也喝醉酒,晚上也喝醉酒,天天都喝醉酒,国家大事没有时间去商量。"高祖赞叹说:"丰乐不谄媚,是个好人。"《太平广记》卷一六四《名贤·斛斯丰乐》亦载有这则故实:"北齐高祖尝宴群臣。酒酣,各令歌乐。武卫斛斯丰乐歌曰:'朝亦饮酒醉,暮亦饮酒醉,日日饮酒醉,国计无取次。'上曰:'丰乐不谄,是好人也!'"

"好人"乃"君子"

若追溯起来,世人所称道的"好人好事",与古人所盛誉的"存君子心,行丈夫事"实乃一脉相承。

汉语中最早表述"好人"的词汇,似乎当属"君子"这个词了。以"君子"誉指德才兼备而出众的人,广见于《易经》《论语》《礼记》《诗经》《尚书》等先秦以来的典籍。如"君子终日乾乾"(《易·乾》),"博文强识而让,敦善行而不怠,谓之君子"(《礼记·曲礼》),"君子之爱人也以德"(《礼记·檀弓》),"或称君子何?道德之称也"(汉·班固《白虎通·号》),"故天下之有德,通谓之君子"(宋·王安石《君子斋记》)。其中,尤以《论语》较多,而且予以具体化解读、界定,如"君子之道者三,我无能焉。仁者不忧、知者不惑、勇者不惧"（《论语·宪问》），"君子喻于义，小人喻于利"（《论语·里仁》），"君子成人之美，不成人之恶；小人反是"（《论语·颜渊》），"君子固穷，小人穷斯滥矣"（《论语·卫灵公》），"君子无终食之间违仁，造次必于是，颠沛必于是"（《论语·里仁》），不胜枚举。至于"正人君子"之说，语出《旧唐书·崔胤列传》："胤所悦者阘茸下辈，所恶者正人君子。人人悚惧，朝不保夕。"本谓品行端正的人，后则多用来讥讽"伪君子"，即假装正经者，讽刺意味大焉，实在是对"君子"的反动。

清方文《石桥怀与治》诗云："昔年居南邨，卜邻近君子。"何也？因为古人泛称才德出众的人为"君子"。如《易·乾》："九三，君子终日乾乾。"班固《白虎通·号》："或称君子何？道德之称也。君之为言群也；子者，丈夫之通称也。""近君子而远小人"，如是，"卜邻"不"近君子"还能"近小人"吗？古人所谓"小人"的首要特征或说劣行，是谄谀和谗言诽谤他人。

吕坤《好人歌》

人之孰好孰坏，如何区分？明吕坤《好人歌》写道：

> 天地生万物，唯人最为贵。人中有好人，更出人中类。
> 我作好人歌，君座请听证。好人先忠信，好人重孝悌。
> 好人知廉耻，好人守礼义。好人不纵酒，好人不嫖妓。
> 好人不赌钱，好人不尚气。好人不仗富，好人不仗势。
> 好人不恃众，好人不奸智。好人不作害，好人不贪利。
> 好人不欠账，好人不侵地。好人不教唆，好人不妒忌。
> 好人不说谎，好人不谑戏。好人不闲言，好人不谤议。
> 好人不帮诱，好人不诓骗。好人没歹朋，好人没浪念。

好人不矜夸，好人不负义。好人不傲人，好人不出位。
好人不多事，好人不败类。好人不懒惰，好人不妄费。
好人不诡随，好人不纵意。好人不轻浮，好人不华丽。
好人不歪梁，好人不暗昧。好人不败俗，好人喜劝世。
好人惧法度，好人有义气。好人救患难，好人施恩惠。
好人行方便，好人让便宜。少年做好人，德望等前辈。
老年做好人，遮尽一生罪。弱汉做好人，强人自羞愧。
恶人做好人，声名重千倍。好人乡邻宝，好人国家瑞。
好人动鬼神，好人感天地。好人四海传，好人千古记。

可见，吕坤《好人歌》的"好人"标准主要是：先忠信、重孝悌、知廉耻、守礼仪、不纵酒、不嫖妓、不赌钱、不尚气、不仗富、不仗势、不恃众、不奸智、不作害、不贪利、不欠账、不侵地、不教唆、不妒忌、不说谎、不谑戏、不闲言、不谤议、不帮诱、不诓骗、没歹朋、没浪念、不矜夸、不负义、不傲人、不出位、不多事、不败类、不懒惰、不妄费、不诡随、不纵意、不轻浮、不华丽、不歪梁、不暗昧、不败俗、喜劝世、惧法度、有义气、救患难、施恩惠、行方便、让便宜。而且，其褒奖鼓励亦多为精神道德层面，如"德望等前辈""遮尽一生罪""强人自羞愧""声名重千倍""国家瑞""动鬼神""感天地""四海传""千古记"之类。这也证明，同"书中自有黄金屋，书中自有颜如玉"相比，道德规范与向善向上的追求，历来就是一种积极的价值取向，是一种优秀的文化传统。清陈宏谋所纂《五种遗规》将之辑入《训俗遗规》，所加按语称："人皆知爱慕好人，而存心行事，有时近于不好者矣。今一一列出，孰为好人，孰为不好人，随时可见。有志者，可以自省矣。"显然，此亦即《训俗遗规》所持人之好恶的基本标准。

吕坤（1536—1618），字叔简，一字心吾、新吾，自号抱独居士，商丘宁陵县人，明万历进士，历官右佥都御史、山西巡抚等，明代哲学家。后因不满朝政称病退休，专事讲学与著述。《明史》卷二二六载："坤刚介峭直，留意正学。居家之日，与后进讲习。所著述，多出新意。"除数种理学著述外，还有《呻吟语》《小儿语》《闺范》等多部探求人生、抨时弊、谈哲理的笔记体著作，甚至险些因此遭难。如《明史》所记："初，坤按察山西时，尝撰《闺范图说》，内侍购入禁中。郑贵妃因加十二人，且为制序，属其伯父承恩重刊之。士衡遂劾坤因承恩进书，结纳宫掖，包藏祸心。坤持疏力辩。未几，有妄人为《闺范图说》跋，名曰《忧危竑议》，略言：'坤撰《闺范》，独取汉明德后者，后由贵人进中宫，坤以媚郑贵妃也。坤疏陈天下忧危，无事不言，独不及建储，意自可见。'其言绝狂诞，将以害坤。帝归罪于士衡等，其事遂寝。"

"好人"与"好事"

江盈科《谈丛》有格言"好人好事"。且看其说：

云长公生前忠勇，死后威灵，万古以来，一人而已。然史称公喜读《左传》，而言语文字不少概见，惟今所传对一联，云出云长笔："愿天常生好人，愿人常行好事。"噫，此二语者，何其善与人同广大若此哉！夫恶人与常人，俱置不论。今世所患者，在于君子要自做好人，自行好事。夫自做好人，自行好事，岂不是好？因其有自做自行的意思，率至取忌召衅，恃己凌物，终于无成。大抵天下事，不是一人做得好的。故曰："愿天常生好人，要人人都好，愿人常行好事，要事事都好。"人人都好，事事都好，不消我劳心费力去做，天下自然好了，岂不大可愿哉？此与夫子"老者安之"三句，同是一样见识。宋朝王荆公方盛气议天下事，程明道曰："天下事非一家事，愿公徐议之。"此如持冷泉沃炎火，欲不浑身通冷，得乎？

江盈科（1553—1605），字进之，号绿萝山人，湖南桃源人。明万历二十年（1592年）进士，晚明文坛"公安派"的主要代表人物之一，反对"文必秦汉、诗必盛唐"之论，赞成灵性说，主张为文要"元神活泼"，抒发真性情。所著《雪涛小说》《谈丛》《谈言》《闻纪》《谐史》等"幅短而神遥，墨希而旨永"（明·唐显悦《文娱序》语），均体现着他的文学主张。此《格言》，亦可略见一斑。

通常，"好事"是指与人有益、为人所赞赏的行为、事情。但用来用去其意义不断泛化，泛指一切与"坏事"相对的事情，具体所指皆随具体语境而言，甚至斋醮超度亡灵亦谓之好事。如元无名氏《度翠柳》剧"楔子"，"今年是老柳十周年，请十众僧做好事"，以及《三国志平话》卷下之"先主与关公做好事月余"之类。

佛家常言："存好心，说好话，行好事，做好人。积德虽无人见，行善自有天知。"四川青城山山脚下有座阿逸多尊者创建的灵泉寺，寺后的大岩石上写着体现这种理念的十二个大字："愿天常生好人，愿人常做好事。"据传，关云长的"关圣帝训"，便是"读好书，说好话，行好事，做好人"。

江苏太仓南门有座古老的上冈石桥，以及苏州锦溪镇天水街的天水桥西端的桥头楹联，也写着"愿天常生好人，愿人常做好事"。那么，照此说，龚自珍《己亥杂诗》的名句"我劝天公重抖擞，不拘一格降人才"所说的"人才"，自然就应该是世人所期望的"好人"了。

宋罗大经《鹤林玉露》卷之二甲编"好人好事"条："豫章旅邸，有题十二字云：'愿天常生好人，愿人常做好事。'邹景孟表而出之，以为奇语。吾乡前辈彭执中云：'住世一日，则做一日好人；居官一日，则做一日好事。'亦名言也。"就笔者所见，此当汉语文献中关于"好人好事"一语最初的完整记载。说到底，"好人好事"者，实乃古人所谓"存君子心，行丈夫事"也。

清代慈溪人童谦孟《龙江竹枝词》有首吟咏"做好事"的竹枝词，主旨是批评、讥讽人们为博取好名声而故意"做好事"。诗云："缓急有无邻里情，吾身分内事当行。如何忽近偏图远，博取人间好事名。"童氏又于诗后特别加以阐释，注称："'做好事'三字，不知起于何时。自有此口头语，人皆说惯听惯，以为美名可居。于是舍分内之事不做，而做分外之好事。其为惑世诬民莫甚焉。"

学雷锋做好事与口号

"向雷锋同志学习"是当年毛泽东的题词。"学习雷锋好榜样"是当年最著名的一首学雷锋歌曲的歌名和歌词首句。"学雷锋做好事"，则是近几十年来响遍全中国的一句最著名的口号。提起雷锋，许多人都能联想到歌曲《学习雷锋好榜样》，这首歌以其特有的旋律和激情，感染着一代又一代人。以雷锋的名字命名的"雷锋精神"，其核心内涵是全心全意为人民服务的无私奉献精神。半个多世纪以来，"雷锋"二字早已成为世人心目中乐于助人、见义勇为、善待他人、热心公益、奉献社会的代名词，高尚品格的符号。近年见诸新闻媒体的市井民谣"雷锋没户口，三月来四月走"，反映了世人对时下拜金主义泛滥、道德沦丧、世风日下现象的鞭挞与愤慨。当年，学雷锋最直观的行动，就是"做好人好事"。

有一篇文章《质疑袁厉害背后，善行被当例外》写道："善行被看作是例外，如果不贪腐便会被视为异类，而一切不谋利、不求名的行为，都需要自证无罪，而且会被当作外星人看待，这难道是这个社会的新常识？这个时代最缺乏的是常识，同样缺乏的是能理解一切美好与善意的平常人。"说得多好，多么一针见血击中时弊啊！世风如此下去，还谈何做"好人好事"？还存在什么

"天地良心"？出身寒微的香港"风云人物"李嘉诚说："人最大的悲哀是无聊，患上漠不关心的冷淡症，套上自命不凡的枷锁，在专业、行业和权力的高岗上，掌控庞大社会资源和机会，却失去自重心。那些沉醉在过往，滞留在今日，那些对社会问题视而不见、无动于衷的借口大王，一定会被社会唾弃和淘汰的。"话虽不多，却可视为对上述"网论"的一种"别解"。

在汉语史上，"口号"这个词初见于南朝梁简文帝《仰和卫尉新渝侯巡城口号》诗的诗题，后世诗人经常沿用，用指即兴口诵的诗句，如唐代张说的《十五日夜御前口号踏歌词》，李白的《口号吴王美人半醉》以及清代秋瑾的《风雨口号》《春暮口号》等。所谓"口号诗"之类亦然。如唐王维《凝碧池》诗题注："私成口号，诵示裴迪。"宋王辟之《渑水燕谈录·高逸》："文忠公亲作口号，有'金马玉堂三学士，清风明月两闲人'之句，天下传之。"陈志岁《席上怯酒被求以诵代饮爰口号》："惜取随缘上酒家，轮番觞进不堪呀。男身未习喝花酒，围座可儿颜胜花。"至于今天我们通常所谓的"口号"，是一种可供口头呼喊的具有纲领性兼鼓动性的简短语句。俄国十月革命前夕的1917年7月，列宁在《论口号》中谈道："在历史急剧转变的关头，往往连先进的政党也会在较长的一段时间内不能适应新的形势而重复旧的口号。这种口号在昨天是正确的，今天却已经失去任何意义，……每一个口号都应当以一定政治形势的全部特点为依据。而当前，在7月4日以后，俄国的政治形势同2月27日至7月4日这段时期的形势是根本不同的。"一个时代有一个时代的口号，一个时代有一个时代的楷模性人物，这是社会文明进程中一种时代性的要求和规律。我想，若干年后，"学雷锋"可能也会成为社会记忆中的一道美丽的风景线，仍不失为一个时代"做好人好事"的楷模。对于后人，仍将具有激励意义。

1947年，朱自清先生有一篇题为《论标语口号》的文章写道，"许多人讨厌标语口号,笔者也是一个。可是从北伐到现在二十多年了,标语口号一直流行着;虽然小有盛衰,可是一直流行着",是"集体运动的纲领"。朱先生还说:"古人说'修辞立其诚',标语口号要发生领导群众的作用,众目所视,众手所指,有一丝一毫的不诚都是遮掩不住的。大家最讨厌的其实就是这种已经失掉标语口号性的标语口号,却往往连累了别种标语口号,也不分皂白的讨厌起来,这是不公道的。我们这些知识分子现在虽然还未必能够完全接受标语口号这办法,但是标语口号有它们存在的理由,我们是该去求了解的。"显然,"学雷锋做好事"这个口号之所以历经半个世纪流行不衰,便在于根植于深厚文化传统之中的"好人好事"这种观念的深入人心,迄今仍是社会的一种道德观念取向,中华优秀传统文化的一个美好符号。

印人故实

中国自古以来向有相信金石不朽可以传之万代的传统信念,以为将"金玉良言"铭之于金石即可万年牢靠。举凡祈愿之言、颂赞之言、纪念之言,无不如此。

今人范景中《藏书铭印记》谈道:"藏书铭印乃斯文之物,用语须真挚高雅,若半雅轩'看书爷台万勿撕书并向书上胡乱写字,君子自重'一印,便选词落俗,不特'半雅',且污藏书,反不如旧抄本《春秋左传摘奇》所钤朱文方印'读好书,说好话,行好事,做好人'用语通达。"

林皋(1657—?),字鹤田,福建莆田人。宗法文彭,复又取法沈世和等清初篆刻家。其篆刻以古雅清丽著称,章法简繁相参、疏密得当,刀法稳健遒劲而不事修饰。其同时代的王翚、恽寿平、扬晋、高士奇等书画名家和收藏家的用印多出其手,尤其为画家王时敏作印最多,最为其所重。林皋的圆朱文篆刻"杏花春雨江南",迄今仍被视为经典之作,《中国篆刻大辞典》《明清篆刻流派》《圆朱文印精粹》等多有评介。

除林皋印外,清代还有康乾时期书画家、篆刻家与古董鉴赏家沈凤的入印。沈凤(1685—1755),字凡民,号补萝,又有凡翁、谦斋等别号,清江苏江阴人。沈凤于乾隆二年(1737年)五十多岁才当了个江宁南河通判,后出任过宣城、灵璧、泾县等知县。但他一生轻仕途重艺术不喜吏事,不思钻营进取,将主要精力都用在了钻研艺术上面。显然,他不是一个"在其位谋其政"的好官。尽管沈凤曾经做过官,但由于痴迷于艺术且造诣颇深,加之性格廉静谨厚,不懂敛财,以至于晚年生活极为贫困,甚至"卒前数月,贫不能具膳",时人称之为"古君子"——是赞誉还是感叹,抑或兼而有之。其生前挚友随园老人袁枚有《哭沈补萝》诗云:"垂死交情秋握手,半生家难老传餐。谁云遗墨千年贵,我是同时得已难。"前联叹其晚景凄凉,后联赞其遗墨珍贵。沈凤尝自道生平篆刻第一,画次之,字又次之,然其晚年不肯刻石作画而肯书。论说起来,随园老人袁枚却极看好其字,随园联额几乎尽其手书。沈凤卒年七十一,有《谦斋印谱》行世。

此外,清末与吴昌硕、赵叔孺有并美之誉且为西泠印社创始人之一的上海中国画院画师王禔,亦曾于1944年将之入印,即其边款所记"癸未嘉平之月,福厂作于

清林皋篆刻"杏花春雨江南"

清沈凤篆刻"存君子心,行丈夫事"

清王褆篆刻"存君子心，行丈夫事"

沪上"的那方寿山月尾紫石瓦钮闲章。王褆原名寿祺，后更名为褆，字维季，号福庵、屈匏，七十之后号持默老人。王福庵幼承家学，于训诂、词章、金石、书画皆有专攻，著有《说文部属拾异》《糜砚斋作篆通假》以及印谱序跋多种。其书法篆刻十余龄即有声于时，并于1904年与丁仁、叶铭、吴隐于西湖孤山联名发起成立西泠印社，旨在"保存金石，研究印学"，有"西泠四君子"之誉。身后，家属又将其所藏数百种字、画、碑、版、印捐藏给西泠印社。

咏叹"文采风流"诗话拾掇

清林皋篆刻"风流儒雅亦吾师"

"风流"者，有文采且不拘礼法；"儒雅"者，学识深湛，气度不凡。合用"风流儒雅"之语，则谓人文雅洒脱，学识渊博。既为文品，亦为人品。

殷仲庚信风流久

在汉语史上，合用为"风流儒雅"，初见于北周文学家庾信《枯树赋》："殷仲文风流儒雅，海内知名。"清倪璠注谓，殷仲为"东晋人，很有文采，相貌英俊"。可以说，这是古人对"风流儒雅"的最基本理解。后乃见于唐卢照邻《五悲·悲才难》："杲之为人也，风流儒雅，为一代之和王；昂之为人也，文章卓荦，为四海之隋珠。"再稍后，则见于杜甫《咏怀古迹》。就此，清代杜诗评家邵长蘅注云："风流，言其标格。儒雅，言其文学。宋玉以屈原为师，杜公又以宋玉为师，故曰亦吾师。《庄子》：吾师乎？"

唐张鷟《朝野佥载》云："梁庾信从南朝初至北方，文士多轻之，信将《枯树赋》以示之，于后无敢言者。"清倪璠云："《枯树赋》者，庾子山乡关之思所为作也。"（《庾子山集注》卷一）杜甫钦佩庾信文章，他在《戏为六绝句》中说"庾信文章老更成，凌云健笔意纵横"；又在《咏怀古迹》中赞其"暮年诗赋动江关"。杜甫《秋兴八首》可谓"悲秋"之千古绝唱，然而竟也咏出"摇落深知宋玉悲，风流儒雅亦吾师"这般经典诗句。句之出典，自当追溯至庾信《枯树赋》的"殷仲文风流儒雅，海内知名"。清篆刻家林皋的篆刻"风流儒雅亦吾师"，则采自杜诗[①]。同时，杜甫笔下亦有与"风流儒雅"相近的"文采风流"之语，如其《丹青引赠曹将军霸》诗："将军魏武之子孙,于今为庶为清门。英雄割据虽已矣，文采风流今尚存。"就此，周汝昌点评道[②]：

> 盖杜老之意是说从魏晋—五胡十六国、南北朝，皆纳归入割据之列，不独曹氏一家。割据者历时或久或暂，终归"已矣"，其后绝无遗美可闻，而唯文采风流，永无消亡泯灭。是故曹氏之传，在文不在武。而将军曹霸则其明证。文采风流四字，从此专属曹家，实杜老之评定，千古不易。"诗看子建亲""文章曹植波澜阔"，皆特许曹家文采之大笔——鲍、谢、阴、何，悉居后者也。由文采风流四字发端，属于曹家，属于将军霸，而霸之文采，在书，在画。是以开篇四句之后，即写书画二端。

---

① 林皋生平事迹，参见拙文《散议"好人好事"》，《文化学刊》2013年第3期。
② 周汝昌：《文采风流今尚存——说杜甫〈丹青引赠曹将军霸〉》，《杜甫研究学刊》2000年第1期。

咏怀文采风流雅聚遗迹

"文采风流至今在，柯亭兰渚辨依稀"（清·戴敦元《江行望会稽诸山》）之兰渚，"在绍兴府南二十五里，即晋王羲之曲水赋诗处"（《明一统志》），亦即当年文人雅士曲水流觞雅聚之所兰亭之所在。即如宋楼钥《跋汪季路所藏修禊序》所谓"永和岁癸丑，群贤会兰亭。流觞各赋诗，风流见丹青。右军莫禊序，文采粲日星"。

清方燕昭《平山堂怀古》诗云：

残月在天蜀冈晓，无数青山隔江小。欧公携客昔登堂，梅花万树生寒香。
太守与客共欢醉，放眼江山皆渺茫。如云胜事去未久，佳地又为苏公有。
苏公谪宦守淮南，公余赋诗兼命酒。呜呼老髯与六一，此去彼来无多日。
文采风流甲一时，千百年中无与匹。名山终古依名郡，物换星移几更运。
贱子乘槎海上来，登堂不觉思高韵。佳景依然人事捐，万峰空自列堂前。
汀花岸柳半湮没，轻烟十里斜阳天。谁能高唤二公起，狂歌痛饮开华筵。

再如"文采风流甲一时，千百年中无与匹"之"平山堂"，址在扬州大明寺侧，系北宋庆历八年（1048年）欧阳修任扬州太守，在扬州城西北五里的大明寺西侧蜀冈中峰上修建了的。"壮丽为淮南第一，上据蜀冈，下临江南数百里，真、润、金陵三州，隐隐若可见"（叶梦得《避暑录话》卷一），"负堂而望，江南诸山拱列檐下，故名"（王象之《舆地纪胜》）。每值盛夏，欧阳修则常邀客人至堂中宴饮游玩，赏景作诗，成为士子一时雅聚之所。王安石亦有《平山堂》诗记述其景观之盛："城北横冈走翠虬，一堂高视两三州。淮岑日对朱栏出，江岫云齐碧瓦浮。墟落耕桑公恺悌，杯觞谈笑客风流。不知岘首登临处，壮观当时有此不。"

欧阳修调离扬州几年之后，老友刘原甫于嘉祐元年（1056年）出任维扬太守，饯行宴上，欧阳修酬赠一首《朝中措·平山堂》相送，追忆自己在扬州的生活，塑造了一个风流儒雅、豪放达观的"文章太守"形象。词云：

平山阑槛倚晴空，山色有无中。手中堂前垂柳，别来几度春风。

文章太守，挥毫万字，一饮千钟。行乐直须年少，尊前看取衰翁。

清陆次云《咏史》道："儒冠儒服委丘墟，文采风流化土苴。尚有陆生坑不尽，留他马上说诗书。"[①]欧阳修"风流与文采，至今光后裔"（明·林弼《欧阳文忠公修》）。

文采风流亦家风

旧有"忠厚传家久，诗书继世长"之说，其传承有成就者，文采风流乃成家风。而其成功的重要标志，又在于科举登第和出仕。若清陈康祺所言："河帅公辅世家，风流儒雅，政迹亦卓然有声。"（《郎潜纪闻》卷八）

南宋著名词人张元干的《贺新郎·送胡邦衡待制赴新州》词句"梦绕神州路。怅秋风、连营画角，……万里江山知何处"，迄今传诵不衰。张氏《芦川词》两卷计存词180余首，《四库全书总目提要》赞"其词慷慨悲凉，数百年后，尚想其抑塞磊落之气"。检查张氏诗词得见，其笔下多处言及"文采风流"。如《范才元道中杂兴》之"君家鼻祖大范老，气压贺兰威凤鸣。文采风流今未泯，耳孙胸次似冰清"，赞誉范才元祖上的风雅遗风。又如《跋苏养直绝句后》之"后湖醉卧已仙去，但有言句留人间。文采风流照千古，罗浮谁复遗金丹"，是其重读苏庠这位已故前辈的作品时百感交集之叹，高度评价苏

---

① 《史记·郦生陆贾列传》："陆生时时前说称诗书。高帝骂之曰：'乃公居马上而得之，安事诗书？'陆生曰：'居马上得之，宁可以马上治之乎？且汤武逆取而以顺守之，文武并用，长久之术也。'"

庠的文笔精彩。再如七言绝句《雍熙堂》之"鼎彝勋业推元老，文采风流及后昆。家世从来耐官职，百年犹见典刑存"，亦在赞誉文雅家风。

文采风流文为本

宋严日益《题汪水云诗卷》的"纵横奏赋三千字，文采风流多意气"，所讲乃文章之文采。

宋张栻《赠乐仲恕》所咏"老子曾从先觉游，后来文采继风流。胸中有意穷千古，贾下成章映九秋"，显然是专就文章的文采而言。宋李流谦的《送苏给事出知太平州》之"一代文章有图录，天赐之履征九服。奉牲乞盟走珠玉，呈狂楚僭非此族。至今人望坛坫尊，风流文采被诸孙"，亦然。

宋杨冠卿《卜算子·秋晚集杜句吊贾傅》之"苍生喘未苏，买笔论孤愤。文采风流今尚存，毫发无遗恨"，说的则是杜诗文采。

文采风流诗书画

自古讲求诗书画一体，尽展文采风流。因此，古人品评书画，常用"文采风流"作为赞誉。如明钱用壬《题赵仲穆彦徵画马》：

  吴兴画马名天下，文采风流美无价。子孙两世皆绝奇，笔意经营亦相亚。
  分明双马如双龙，玉花对立连钱鬃。圉人缓辔不敢鞚，矫矫似欲鸣长风。
  却想当年落笔时，省郎侍彩初来归。深庭花落白昼静，红门草绿春风微。
  回首光阴既非昔，老者已逝难再得。中原武骑更驰奔，展卷令人三叹息。

苏轼有诗云："风流文采磨不尽，水墨自与诗争妍。画山何必山中人，田歌自古非知田。"乃赞诗画之文采风流。其诗原题《王晋卿作〈烟江叠嶂图〉，仆赋诗十四韵，晋卿和之，语特奇丽。因复次韵，不独记其诗画之美，亦为道其出处契阔之故，而终之以不忘在莒之戒，亦朋友忠爱之义也》，即见其本旨。又如元张之翰《沁园春·谢王巨川侍郎以澹游所书扇见惠》词云："四海黄花，文采风流，于今尚存。直澹翁诗句，大羹玄酒，名家书法，流水行云。"再如明刘炳《题方壶画为斯贞侄赋》诗云：

巨然画与书法同，纵笔所至生秋风。墨飞原气泻沆瀣，青摩斗极连崆峒。
远岫平林断还续，苔根斜迸山泉绿。钓倚丹枫野老矶，门垂碧柳幽人屋。
壶公骑鲸白云乡，垄树绿泫烟草黄。风流文采今寂寞，对画泪痕沾我裳。

文采风流酒相伴

一如"魏晋风度和酒"，文士传统总须佐酒助兴，文采、风流终与酒为伴。有词曰："栖鸾高士，文采风流谁得似。年德虽高，对酒当歌气尚豪。明眸皓齿，一朵红莲初出水。膝上安排，爱惜须教不离怀。"（宋·郭应祥《减字木兰花·戏万安胡簿》）又如："牧之文采家未泯，夫子风流今有声。篇什高吟凤凰下，翰墨醉洒烟云生。拨置簿书有余力，放意樽罍无俗情。"（宋·曾巩《送宣州杜都官》）宋向子諲《鹧鸪天·曾端伯使君自处守移帅荆南作是词戏之》云："赣上人人说故侯，从来文采更风流。题诗谩道三千首，别酒须拼一百筹。乘画鹢，衣轻裘，又将春色过荆州。合江绕岸垂杨柳，总学歌眉叶叶愁。"

宋赵蕃《遂初泉》诗云："荆溪溪水清无底，下有乱石白齿齿。东坡先生所止居，想像神游应不死。后来高躅嗣者谁，东门孙氏贤埙篪。不惟文采风流是，酿酒喜客俱似之。"所赞乃苏轼文采风流与酒。"五年同社乐田神，一扇西风障庚尘。文采风流千古事，野人恨不识天人。"（宋·喻良能《次韵王待制游东坡留题十一绝》）亦赞东坡也。

自然，也不乏吟酒仙兼诗仙李太白者，如宋敖陶孙《代人寿度支郎中李嘉言》："李下老人龙作侔，谈经阅世无春秋。一朝函谷占紫气，万里西极行青牛。青莲居士亦其裔，太白沦精来谒帝。江东狂客漏神机，一号谪仙人得制。天人惊世时一班，文采风流有远孙。百篇斗酒真细事，郡有德政朝功言。"

文采风流代表人物

为文为诗，缺少不得文采风流，否则即俗。"文采风流百不俗，更余笔力挽千钧"（宋·黄公度《和谢单推宋卿惠诗》），所言正是。再如："江津道人心源清，不系虚舟尽日横。道机禅观转万物，文采风流被诸生。与世浮沉惟酒可，随人忧乐以诗鸣。江头一醉岂易得，事如浮云多变更。"（宋·黄庭坚《再次韵兼简履中南玉三首》之二）

"江南徐庾知名久，文采风流伯仲间"（元末明初·郭钰《寄杨和吉龙西雨》）之"徐庾"，乃南北朝后期徐摛、徐陵父子和庾肩吾、庾信父子四位"宫体诗"的主要作家的并列合称，写过许多绮艳的宫体诗赋，别谓"徐庾体"。其诗风连同其中徐陵和庾信两人的骈文，均讲求辞藻和用典。唐刘知幾《史通·论赞》："大唐修《晋书》，作者皆当代词人，远弃史、班，近宗徐、庾"，以及清吴伟业《梅村诗话·陈子龙》"其四六跨徐、庾，论策视二苏"之"徐庾"，亦然。亦即清蒋士铨所论"唐四六毕竟滞而不逸，丽而不遒。徐孝穆(徐陵)逸而不遒，庾子山（庾信）遒逸兼之，所以独有千古"（《评选四六法海·总论》）。

清代四川唯一的状元骆成骧诗云："试汲蒙泉煮蒙茶，爱是升庵旧题署。文采风流四百年，后生更比前生误。"（《登蒙山饮茶歌》）如果"金玉其外，败絮其中",绝非"文采风流"。元末明初画家王冕所咏"可笑华山陈处士,风流文采却贪眠"(《漫兴》其六)之陈抟,被后人称为"睡仙""希夷祖师"和"陈抟老祖",是五代宋初著名道教学者、隐士。其闻名于世的睡功,既属一种修炼方法,也是避世的一种手段。相传他在云台观"日多闭门独卧,累月不起"(《坚瓠集续》),"大困三十六载,小困一十八春"(《山堂肆考》)。陈抟继承黄老清静无为思想并将之同道教修炼方术、儒家修养、佛教禅观融汇归一,对宋代理学影响较大。虽道方外之人,仍以文章著作明示,不失文采风流。

文采风流是传统

明代以"神童"被荐、10岁入朝就读于翰林院,20岁荣中一甲二名进士的程敏政,历官左谕德,直讲东宫。其学识渊博,不仅文采风流被誉为一时之冠,其诗作中亦每每使用这个赞誉。如"风流文采旧词臣,阙下重逢喜暂亲"(《送翰林检讨方昌言考绩还南京》),"文采风流玉署仙,重游惊见岁华迁"(《送南京少宗伯尹正言先生奉表入贺礼成还任次南都赠行韵六章》之五),"风流文采真吾弟,涉水登山共此舣"(《留别王丹徒公济》),"文采风流入壮年,名门当见后昆贤"(《赠程瑎》之三),"彭城之系御史子,文采风流高蜀山"(《坦然歌为刘贡士》)。还有元末明初陶宗仪,"文采风流果谪仙,乾坤汗漫兴飘然"(《张建宁赋诗见寄次韵四首》之三),"麟经家学保青毡,文采风流艺且贤"(《周万竹知绍兴府日其家梅花盛开西宾张林泉作诗寄之及简越上诸友因次韵二首》之二),亦然。至于一位作者的诗文作品文字中屡见"文采风流"之语,并非个例,可谓常见。只是,还无必要专门做什么精确数字统计。仅笔者近日览读所见含有"文采风流"之诗词,已不下百余首。

何以如此这般？"文采风流，人多羡之。"（清·王松《台阳诗话》卷下）

古来向重文名，古人观念中的"文采风流"，主要是赞誉学识深湛、气度不凡的文雅才子，"文采风流出人表"（明·梁兰《寄胡本并陈涣之》），因而把风流儒雅视为衡量人才的基本尺度。

由于具备文采风流之本，气质则往往风流倜傥。清恽敬《同游海幢寺记》："夫士大夫登朝之后，大都为世事牵挽，一二有性情者，方能以文采风流、友朋意气相尚。"清末被誉为"全台诗界泰斗"的林朝崧将其侄誉为"弱冠有重名"的东晋才子王文度，"千金一字不轻下，文成每有惊人句。奇峰狂浪生笔端，掷地铿锵协韶頀。偶然游艺贾余勇，巧思亦足相贯注。围棋不落第二品，蹴鞠樗蒲皆独步。只今年才二十四，文采风流遐迩慕"（《送侄幼春过海游学》）。

"风流盛儒雅，泉涌富文词"（庾信《上益州上柱国赵王诗》之一），既要"文采"又少不得"风流"，方是好文章。"文采风流一儒素"（元·成廷圭《宋君瑞存恕堂》），"文采风流"与"风流儒雅"相关联的核心要素是"文雅"。究其实，还归于刘彦和之论："圣贤书辞，总称文章，非采而何""文附质也""质待文也""言以文远"（以上见于《情采》），"情理设位，文采行乎其中"（《熔裁》），等等。

论"小人"之"小"

清丁敬篆刻"以道德为城"

在中国文化史和伦理观念中,"小人"出现于何时? 大概是一个颇难考据清楚的话题。不过,现存的历史文献可以证明,至少在春秋战国的《论语》等先秦儒家及"百家争鸣"的各家典籍中,即已形成了相关的观念并大量见诸各家的阐述文字。

在汉语尤其是儒家文化中,"小人"是与"君子"相对应的"反义词"。孔子说"君子坦荡荡,小人长戚戚""唯女子与小人难养也,近之则不逊,远之则怨",可谓流行甚广的儒家"至理名言"。

何谓"小人"? 仅《论语·阳货篇》,就议及了诸如"巧言令色"者、"有勇而无义为乱"者、"恶紫之夺朱"者、"恶郑声之乱雅乐"者、"恶利口以覆邦家"者、"称人之恶"者，以及"恶称人之恶者，恶居下流而讪上者，恶勇而无礼者，恶果敢而窒者"等多种类型的"鄙夫""小人"。

在现实社会中，通常用指那些忘恩负义、挑拨离间、搬弄是非、落井下石乃至隔岸观火之类的人。

"以小人之心，度君子之腹"，语本《左传·昭公二十八年》"愿以小人之腹，为君子之心"。经改造后，通常用指品行不端、心术不正者，以自己鄙陋或卑劣心理去揣测品德高尚者的胸襟。究其实，当属心怀叵测者流。如南朝宋刘义庆《世说新语·雅量》："庾曰'可谓以小人之虑，度君子之心'。"明王守仁《传习录》："若不就自己良知上真切体认，如以无星之称而权轻重，未开之镜而照妍媸，真所谓以小人之腹而度君子之心矣！"至话本小说《醒世恒言·钱秀才错占凤凰俦》："谁知颜俊以小人之心，度君子之腹，此际便是仇人相见，分外眼睁。"说明"以小人之心，度君子之腹"已经是广泛见于口语的一个通俗俗语了。

《君子吟》与《小人歌》："君子"与"小人"之别

大概，"君子"是汉语中最早用以表述"好人"的词语。关于"君子"与"小人"之别，《论语》等历代典籍中颇多解读、界定，如"君子喻于义，小人喻于利"（《里仁》），"君子成人之美，不成人之恶；小人反是"（《颜渊》），"君子固穷，小人穷斯滥矣"（《卫灵公》），等等。中国传统文化中的"君子"与"小人"之别，往往以儒家道德观的仁、义、礼、智、信作为根本特质。反之"小人"的根本特质则为不仁、不义、无礼、奸诈、无信。《朱子语类》卷七十则简括言之为"正"与"不正"，即"君子小人只是个正不正"。宋朝的邵雍大概就"犯小人"。他作有一首《君子吟》，将"君子"与

"小人"之行一一对应。其诗云：

> 君子与义，小人与利。与义日兴，与利日废。
> 君子尚德，小人尚力。尚德树恩，尚力树敌。
> 君子作福，小人作威。作福福至，作威祸随。
> 君子乐善，小人乐恶。乐恶恶至，乐善善归。
> 君子好誉，小人好毁。好毁人怒，好誉人喜。
> 君子思兴，小人思坏。思兴召祥，思坏召怪。
> 君子好与，小人好求。好与多喜，好求多忧。
> 君子好生，小人好杀。好生道行，好杀道绝。

网上某博客有首反讽意味的《小人歌》，吟道：

> 谁言小人常戚戚，小人总在天地立。
> 小人才有男人色，不重情义只重利。
> 所谓君子坦荡荡，龌龊在心穷慌张。
> 小人前倨又后恭，害人本就不违常。
> 面具非为小人戴，只有君子正经扬。
> 其实背地阴暗事，小人哪有君子狂？

因一首《小三》而名声大噪的"另类"青年歌手冷漠，还有一首很"另类"的《小人歌》。歌词唱道：

> 戏里阳奉阴违，戏外无事生非。

　　　　当面是人,背后是鬼。
　　　　场上谗言献媚,场下装神弄鬼。
　　　　满脸谦卑,一肚坏水。
　　　　挖一口陷阱,再种上黑玫瑰。
　　　　背叛你今天,明天又出卖谁。
　　　　小人哪总是颠倒白与黑,
　　　　小人哪总是混淆是和非。
　　　　人心难测海水难量,
　　　　守信重义最可贵。
　　　　小人哪总是不分白与黑,
　　　　小人哪总是搬弄是和非。
　　　　坦坦荡荡才是君子,
　　　　问天问地都无愧。
　　凡此,"君子"与"小人"之别,无须赘言也。

"小人"之种种:"小人"类型学

　　余秋雨是否曾饱受"小人"伤害之苦,不得而知。不过其文化散文《历史的暗角落》,大概应算得上当代文学探析"小人"最为深刻的作品。其文将"小人"分作四种类型,即恶奴型、乞丐型、流氓型和文痞型。其论析颇为精辟。

　　余秋雨先生认为,"恶奴型小人"的特点,"是永久地在寻找投靠和巴结的对象。投靠之初什么好话都说得出口,一旦投靠成功便充分、彻底地利用投靠对象的弱项和隐忧,作为钳制、要挟、反叛、出卖的资本,只不过反叛和出卖之后仍然是个奴才。这样的人，再凶狠毒辣，再长袖善舞，也无法抽离他们背后的靠山，在人格上，他们完全不能在世间自立，他们不管做成多大的事也只能算是小人"。

至于"文痞型小人"，他认为，"其实也就是文化流氓"。"与一般流氓不同的是，他们还要注意修饰文化形象，时不时愿意写几笔书法，打几本传奇，冒充一下学术辈分，拂拭一块文化招牌，伪称自己是哪位名人的师长，宣扬自己曾和某位大师有过结交。更重要的是，他们知道一点儿文化品格的基本经纬，因而总要花费不少力气把自己打扮得慷慨激昂，好像他们是民族气节和文化品格的最后代表，是路见不平拔刀相助的今日义士。他们有时还会包揽词讼，把事情搞颠倒了还能蒙得一个主持正义的美名。作为文人，他们特别知道舆论的重要，因而把很大的精力花费在谣言的传播方式和传播手段上。在古代，造出野心家王莽是天底下最廉洁奉公的人，并把他推上皇帝宝座的是这帮人；在现代，给弱女子阮玲玉泼上很多脏水而使她无以言辩，只得写下'人言可畏'的遗言自尽的也是这帮人。这帮人无德、无行、无耻，但偏偏隔三岔五地要打扮成道德卫者的形象，把自己身上最怕别人说的特点倒栽在别人身上"。

借此，不由也联想到耳闻目睹的一例"小人"。某君为急于达到改变由其自己恶行的缘故所造成的恶劣"生存环境"，当其装孙子以伪善的面目想方设法达到目的之后，仍然欲壑难填、得寸进尺，稍不如意，便急不可待地迅即撕下了摇尾乞怜时的伪君子面纱。于是乎，不吝以谣言佞语向不久前还被其信誓旦旦地称作"永远是我们的旗帜""一辈子都不会忘的恩师"身上猛泼脏水，不顾事实和廉耻急切地肆意攻忤——甘愿背负起忘恩负义无德碑来。为掩饰其丑恶嘴脸，极尽搬弄是非、颠倒黑白、造谣诬陷之能事，甚至苟合其先前因正常工作得罪过的"对立面"一起联手发难。起初，似乎还知道心虚，走廊里迎面遇上恩师扭头转身亟避之，犹不敢迎对目光，一时成为谈资笑料。南朝宋何承天《为谢晦檄京邑》有云："若使小人得志，君子道消。""小人得志"，即"小人"掌握了权势，或是实现了他的欲望。果然如此，则君子必遭压抑，正气难免受挫。当这位"小人"一时"得手"取而代之之后，一边蒙混外界加紧充分利用"恩师"的旧有资源，一边试图通过摘牌子、改名称，刁难打压"恩师"的门生友好，甚至无中生有地散布流言蜚语试图以诽谤来消除"恩师"的"前朝"旧迹。短短的三两年工夫，原本的蝇营狗苟的恶劣品性和"小人"面目即暴露无遗，使人自然联想到了《东郭先生》《农夫和蛇》的寓言故事，令众同事瞠目费解。或有言之，多亏其"恩师"行为端正，为人坦荡属正人君子，否则若有一丁点儿把柄握于其手，岂不后怕？据知，当事者亦即其反目为仇的"恩师"乍初未免惊讶、愤慨不解，随后闻之此君竟与同城居住的父母亲断绝关系不相往来许多年矣，乃释然。连生身双亲都不认者，谈何"小人"之"人"？只剩其"小"矣！不过，亦令人颇生感慨，若初察知其人品如此这般，自然不会引狼入室养虎为患矣。知人知面不知心也。遇上"小人"，认了吧！不过，对于此等"小人"的宵小人格劣行，已经谈不上"寒心"，唯生"恶心"与怜悯而已。鲍照诗云："蓼虫避葵堇，习苦不言非。小人自龌龊，安知旷士怀。"（《代放歌行》）司马光亦曰："轻誉、苟毁、好憎、尚怒，小人也。"（《文中子补传》）所言正是。

历代政治生活中的"小人"

在历代政治生活中，人格卑鄙的"小人"误国害民之例，多见于"佞臣传"或成为"古训"。如《尚书·大禹谟》："君子在野，小人在位。"宋陈旸《颍川语小》卷下："君子小人之目，始于大禹誓师之辞，曰'君子在野，小人在位'，盖谓废仁哲任奸佞也。"《三国志·蜀书·诸葛亮传》："亲贤臣，远小人，此先汉所以兴隆也；亲小人，远贤臣，此后汉所以倾颓也。"《宋季三朝政要》卷一亦载，宋理宗时，梁成大为御史，谄媚事史弥远，欲去魏了翁、真德秀，谓"真德秀乃真小人，魏了翁乃伪君子"。

白居易一首《读〈汉书〉》诗，感叹了"小人"与政治生活之利害。诗云：

> 禾黍与稂莠，雨来同日滋。桃李与荆棘，霜降同夜萎。
> 草木既区别，荣枯那等夷。茫茫天地意，无乃太无私。
> 小人与君子，用置各有宜。奈何西汉末，忠邪并信之。
> 不然尽信忠，早绝邪臣窥。不然尽信邪，早使忠臣知。
> 优游两不断，盛业日已衰。痛矣萧京辈，终令陷祸机。
> 每读元成纪，愤愤令人悲。寄言为国者，不得学天时。
> 寄言为臣者，可以鉴于斯。

白居易还在一首《杂兴三首》中抨击了"小人"误国。其诗咏道：

> 吴王心日侈，服玩尽奇瑰。身卧翠羽帐，手持红玉杯。
> 冠垂明月珠，带束通天犀。行动自矜顾，数步一徘徊。
> 小人知所好，怀宝四方来。奸邪得藉手，从此幸门开。
> 古称国之宝，谷米与贤才。今看君王眼，视之如尘灰。
> 伍员谏已死，浮尸去不回。姑苏台下草，麋鹿暗生麑。

中国历代政治生活中颇有一些"名垂青史"的"著名"小人。例如，导致楚国灭亡的楚大夫费无忌，秦二世时"指鹿为马"的丞相赵高，史称"巫蛊之祸"的罪魁祸首汉武帝身边近臣江充，南北朝时用构陷使昭明太子蒙受不白之冤以致一病不起的太监鲍邈之，隋文帝时以奸诈自立的御史大夫杨素，"口蜜腹剑"最终酿成"安史之乱"的大唐宰相李林甫，诬害忠良卖国求荣的南宋御史中丞秦桧，极富才气却不失"小人"劣行的宋朝礼部尚书陶谷，趋炎附势的元朝重臣哈麻，少即无赖结党营私的明朝司礼太监魏忠贤，卖国求荣助英法侵略军火烧圆明园的龚半伦，等等。

"小人"之"小"

在汉语史上，"小人"或指平民百姓，或指见识浅狭之人，或指仆隶，或指小辈人，或指小孩儿，或指身材短小之人，有时还特指偷儿。作为称呼用语，又可用于男子自谦，平辈自谦，或是老师对学生的称呼，等等，皆视具体语境而定。至于其"小"，亦然。本文所说"小人"，主要是指卑鄙无德"小人"，故全以引号标识之，以防混淆。

汉桓宽《盐铁论·论勇第五一》认为："以道德为城，以仁义为郭，莫之敢攻，莫之敢入。文王是也。以道德为胄，以仁义为剑，莫之敢当，莫之敢御，汤、武是也。今不建不可攻之城，不可当之兵，而欲任匹夫之役，而行三尺之刃，亦细矣。"故而白居易《议守险时》亦云："以道德为藩，以仁义为屏。"

《道德经》之"道"，言自然规律；其"德"，乃指社会规范；所说的"经"，乃"径"也，亦即途径。宋邵雍《小人吟》："小人无节，弃本逐末。喜思其与，怒思其夺。"可见，"小人"之"小"的要害在于其品质低下丧失人格。

凡"小人"无不带有流氓气，流氓型"小人"的活力来自于寡廉鲜耻。但凡寡廉鲜耻，亦即失德。"小人"大都甘于装孙子而善于伪装可怜相，是当然的伪君子。伪君子，仍属失德者也。

举凡"小人"，在政治舞台上，阴险奸诈、口蜜腹剑；在世俗生活中，猥琐无赖、见利忘义；在道德底线上，卑鄙龌龊、尽失人格。总括言之，"小人"之"小"的本质，在于无德失格。

讨"小人"檄：如何面对"小人"？

古往今来，"小人"无所不在，无时不在。因为，同"君子"一样，都是社会生活"伦理生态"的"生态平衡"所不可或缺的。无君子谈何"小人"，没"小人"又何来君子？全无羞耻、无孔不入、无处不在的"小人"既是一种社会公害，同样也是一种社会伦理生态构成。

陆九渊云："不爱教小人以艺，常教君子以艺。盖君子得之，不以为骄，不得不以为歉。小人得以为吝，败常乱教。"（《陆九渊集》语录下）一旦"小人得志"，难免危害社会乃至误国害民。因为其无时无处不在，就需时时处处提防、明察和应对。

那么，如何面对"小人"呢？

"君子"与"小人"，乃相对而言。

毛泽东有位乡贤前辈吴獬（1841—1918），字凤笙，湖南省临湘市桃林镇人，是著名的晚清湖南学者和遍讲多家书院的教育家。所著启蒙教育读物《一法通》，收集的是一些富含哲理的民间俗谚，读来朗朗上口，在当地影响颇大，流行甚广。据考察，毛泽东少时即熟读此书，受其影响乃至一生。毛泽东著作中的许多生动活泼的语言，多引用《一法通》或在其中找到踪迹。如"自知者明，自胜者强""运用之妙，存乎一心""硗硗者易折，皎皎者易污""山中无老虎，猴子充霸王""麻雀虽小，肝胆俱全"，以及"天要下雨，娘要嫁人""人怕出名猪怕壮"，等等。又如《水调歌头·游泳》中有句"才饮长沙水，又食武昌鱼"，明显有《一法通》中"宁饮建业水，不食武昌鱼"的变通痕迹。凡此信手拈来、烂熟于胸，可见是书对青少年时代的毛泽东影响之深，可说是受益终身。

1917年，24岁的毛泽东在湖南长沙求学时读到德国哲学家弗里德里希·泡尔生的《伦理学原理》，做了多达一万多字的批注，并且写了一篇被杨昌济誉为救国济民之奇文的《心之力》。其间，他在致师长兼友人黎锦熙的信中写道："小人累君子，君子当存慈悲之心以救小人。君子已有高尚之智德，如世但有君子，则政治、法律、礼仪制度，及多余之农、工、商业，皆可废而不用。无如小人太多，世上经营，遂以多数为标准，而牺牲君子一部分以从之，此小人累君子也。然小人者，可悯者也，君子如但顾自己，则可离群索居，古之人有行之者，巢、许是也。若以慈悲为心，则此小人者，吾同胞也，吾宇宙之一体也，吾等独去，则彼将益即于沉沦，自宜为一援手，开其智而蓄其德，与之共跻于圣域。彼时天下皆为圣贤，而无凡愚，可尽毁一切世法，呼太和之气而吸清海之波。孔子知此义，故立太平世为鹄，而不废据乱、升平二艺。大同者，吾人之鹄也。立德、立功、立言以尽力于斯世者，吾人存慈悲之心以救小人也。"（毛泽东1917年8月23日致黎锦熙信，见《毛泽东早期文稿》，湖南人民出版社1990年，第88—89页）毛泽东有句名言："与天斗，其乐无穷；与地斗，其乐无穷；与人斗，其乐无穷。"依此逻辑推之，是否亦可说"与'小人'斗，其乐无穷"呢？

同为湖南湘潭乡贤的齐白石，有方篆刻"无君子不养小人"的印文，亦出自吴獬的《一法通》。

宋张载曰："道远人，则不仁。"（《张子全书》）尽管"小人"往往可能一时得志，

齐白石篆刻"无君子不养小人"

但无论如何,历史和公平正义以及公序良俗都告诉人们,在公德面前,"小人得志"必难长久,终将铩羽、败北、落魄。是为唐韩愈《原道》所云:"凡吾所谓道德云者,合仁与义言之也,天下之公言也。"可以想见,在纷繁漫长的社会生活中,"小人"与君子总要相伴滋生,那么,只好"以道德为城,以仁义为郭",以德治之;无论愿意与否,只好"与'小人'以德斗之,其乐无穷"矣。否则,便无公平正义和公序良俗。

徐三庚的读书印及其他

读书人、藏书家以读书藏书为事，嗜书如命，自属当然。清代，有个在读书界流行颇广的说法："事冗书须零碎读，日爱评书兼读画，日有一泉惟买书，鬻及借人为不孝。"前两句讲的是读书，后两句说的是藏书、爱书、惜书和借书。除了末句今可见有吴让之刻的闲章之外，前三句均可见有徐三庚的闲章存世。

苏州网师园的濯缨阁上刻有一副郑板桥写的楹联："曾三颜四，禹寸陶分。""曾三"，代指《论语》中曾参说的"吾日三省吾身，为人谋而不忠乎？与朋友交而不信乎？传不习乎？""颜四"，指颜回讲的"四勿"，即"非礼勿视，非礼勿听，非礼勿言，非礼勿动"。徐三庚中年时曾将此下联的"禹寸陶分"入印，是其技艺已经比较成熟的一方作品，也是最能体现其"以柔为美"的纯熟刀法代表作之一。"禹寸"，语本《淮南子》。"大圣大责尺璧，而重寸之阴"，谓具有强烈紧迫感的大禹非常珍惜每寸光阴。"陶分"，典出《晋书·陶侃传》。（陶侃）常语人曰："大禹，圣者，乃惜寸阴，至于众人，当惜分阴，岂可逸游荒醉？生无益于时，死无闻于后，是自弃也。"同样也是说陶侃格外珍惜时光。

"禹寸陶分"

"事冗书须零碎读"

"日爱评书兼读画"

"日有一泉惟买书"

按照现今各国通行的学制，一个人若正常完成从小学到博士的学业，大约要22年光景，再就业工作到退休只有30来年。人生苦短，读书人既要读书，还要做事，总得充分利用有限的时间苦读。"事冗书须零碎读"，显然是读书人的经验之谈，也正是徐氏的自励。然而，要持之以恒地真正做到，亦非易事。"日爱评书兼读画"，寄寓的是徐三庚先生的个人兴趣所在。"日有一泉惟买书"，是印题款云："乙丑冬月，丽卿仁兄属制。"亦即此印治于清同治四年（1865年），是为一位名叫"丽卿"的熟人所治。这三方以"读书"为题材的篆刻印文出自何处？已难考证，且归为徐三庚篆刻作品，总还算说得过去。

徐三庚(1826—1890)，字辛谷，号井罍、袖海、诜郭、金罍、余粮生、金罍道人、荐木道士、似鱼室主等，浙江上虞章镇大勤人（有其篆刻"上虞徐三庚字褎海父"为证），清末著名篆刻家，精于金石之学，尤擅金石文字摹刻。据其自刻自用印"徐三庚于道光丙戌岁后浴佛十日生"推知，其确切的生辰当是清道光六年（1826年）四月十八日。出生贫苦农家，稍长外出，尝于道观打杂谋生，得观中擅长书法篆刻的道士亲传而入门书法篆刻。其自号"金罍道人"，或缘于此。作为一代著名的书法篆刻大家，徐氏以汉碑额篆

"上虞徐三庚字褎海父"

"徐三庚于道光丙戌岁后浴佛十日生"

和《天发神谶碑》为根底工于篆书、隶书，喜用软羊毫笔但书体苍劲、峻逸。其篆刻先后师法陈鸿寿、赵之琛、邓石如等浙派名家，加之旁涉汉简、汉印、汉碑，融会贯通，再加以变体出新、独辟蹊径，章法尤重"宽可走马，密不容针"，疏密有致，进而形成自己婀娜多姿、灵动妍媚而飘逸的独到风格。同时代的张熊、任熏、任颐、黄山寿、蒲华等著名画家的书画用印，多出徐氏之手。此外，就所存印谱可见，还为淮军创始人、洋务运动主要倡导者之一、声名赫赫的晚清重臣李鸿章刻过一方白文名章。时人将徐氏篆刻技艺比之吴道子之画技境界，誉之为传统中国画艺术的"曹衣出水，吴带当风"。

不过，中国美术史上的"曹衣出水，吴带当风"中所指的"曹"与"吴"，向有两说。"曹"为曹仲达或曹不兴，"吴"为吴暕或吴道子。

例如，一说"曹衣出水"又作"曹家样"，说的是北齐曹仲达创造的一种描绘古代人物衣服褶纹的绘画技艺，画中人物的衣服褶纹多用细笔紧束如披薄纱，给人以刚从水中捞出之感。唐张彦远《历代名画记》称："北齐曹仲达者，本曹国人，最推工画梵像。"（国朝宣律师撰《三宝感通记》具载仲达画佛之妙，颇有灵感）北宋郭若虚《图画见闻志》卷一《论曹吴体法》说：

> 曹、吴二体，学者所宗。按唐张彦远《历代名画记》称："北齐曹仲达者，本曹国人，最推工画梵像，是为曹。谓唐吴道子曰吴。吴之笔，其势圆

转,而衣服飘举;曹之笔,其体稠叠,而衣服紧窄。故后辈称之曰:'吴带当风,曹衣出水。'"又按蜀僧仁显《广画新集》,言曹曰:"昔竺乾有康僧会者,初入吴,设像行道,时曹不兴见西国佛画仪范写之。故天下盛传曹也。"又言吴者,起于宋之吴暕之作,故号吴也。且南齐谢赫云:"不兴之迹,代不复见,唯秘阁一龙头而已。观其风骨,擅名不虚。吴暕之说,声微迹暧,世不复传。"(谢赫云:"擅美当年,有声京洛,在第三品江僧宝下也。")至如仲达见北齐之朝,距唐不远,道子显开元之后,绘像仍存。证近代之师承,合当时之体范,况唐室已上,未立曹、吴。岂显释寡要之谈,乱爱宾不刊之论。推时验迹,无愧斯言也(雕塑铸像,亦本曹、吴)。

《论曹吴体法》所未言及的盛唐画家吴道子,以善画佛像著称,以其"莼菜条"式描画法,笔势圆转飘逸,线条波折起伏、错落有致,突出了人体曲线,致使画中人物的衣带若风自然吹拂,增强了分量感和立体感,有"画圣"之誉。

徐氏毕生布衣,曾游寓杭州、上海、天津、北京、广州、香港等地鬻艺为生。可以说,出身贫苦的徐三庚之所以成功地通过书法篆刻艺术得以跻身于"士人""读书人"的大雅阶层,在于他酷爱读书、以读书和创作为志趣。"日有一泉惟买书""事冗书须零碎读""日爱评书兼读画",无不是其体悟之词。"常欠读书债",正是其刻苦读书之心声。"良楼风雨感斯文",显系其成功地跻身士林自得心境之写照。

"良楼风雨感斯文",印文脱自晚唐诗人李商隐的《杜司勋》一诗首句。其诗云:"高楼风雨感斯文,短翼差池不及群。刻意伤春复伤别,人间唯有杜司勋。""杜司勋"者,即曾于大中二年(848年)三月入朝为司勋员外郎的杜牧。据李商隐诗注家认为:"此乃高楼风雨之时,适读杜牧诗文,深有会心,别有寄慨之作。"可知此系风雨之中诗风相近、成就相当、称"小李杜"的两位诗人的"惺惺相惜"之作,其中的"斯文"于李商隐诗里本指杜牧的两首《赠别》诗。徐三庚化其句为"良楼风雨感斯文"之"斯文",则取其词之本义,是指文雅和像"小李杜"那样成功的读书人。

无志趣便无成功。徐氏自号"褎海",并有"袖中有东海"之印,亦可窥其心曲志向一斑。《说文》:"褎,袂也",意即"袖"也。徐氏号"褎海",寓意在于"袖中有东海"。其典出自宋代大学士苏东坡赞美长岛美石的一首诗。诗云:"我携此石归,袖中有东海。置之盆盎中,日与山海对。"

山东长岛海滩上有许多鹅卵石,又叫球石。元祐八年(1093年)八月十五日,东坡先生游览长岛,特喜欢这五彩斑斓的美石。除上诗外,还专门写了一篇《北海十二石记》。文章写道:

> 登州下临大海,目力所及,沙门、鼉矶、车牛、大竹、小竹凡五岛。惟沙门最近,兀然焦枯。其余皆紫翠巉绝,出没涛中,真神仙所宅也。上生石芝,草木皆奇玮,多不识名者。又多美石,五彩斑斓,或作金色。熙宁己酉岁,李天章师中为登守,吴子野往从之游。时解贰卿致政,退居于登,使人入诸岛取石,得十二株,皆秀色粲然。适有舶在岸下,将转海至潮,子野请于解公,尽得十二石以归,置所居岁寒堂下。近世好事能致石者多矣,未有取北海而置南海者也。

篆刻注重石材品质。鸡血石等贵重印材,业内向有"价等黄金"之誉。将

"常欠读书债"　　　　"良楼风雨感斯文"　　　　"袖中有东海"

美石治为佳印，当然是印家追求完美的最大向往了。徐氏晚年客居上海"浦寓斋"，以卖书印为生计，直至谢世。其身后有《金罍山民印存》《似鱼室印谱》《金罍山人印谱》等篆刻作品集传世，至今仍是习篆刻者喜爱的摹本。据知，晚清篆刻大家、西泠印社社长吴昌硕也曾有模仿徐三庚的印作。

还应谈到的是，莫看徐三庚是位地地道道的平民篆刻家，但同赵之谦等出身富贵的艺术家一样，生前在海外就声誉鹊起，颇有影响，尤其在日本印坛备受青睐。圆山大迂和秋山碧城两位日本印学宗师曾先后于明治十二年（1879年）、明治十九年（1886年）前来中国拜在徐三庚门下学艺。回国之后，由于他们的宣传，使"徐氏印风"得以在东瀛广为传播，发扬光大。据认为，像中村兰台等一些日本新派篆刻宗师都曾深受徐三庚印风影响，从中获益匪浅。

徐三庚出身贫寒无由获得正规的教育，是个没有任何文凭和学位的"自学成才者"，然成就卓著，非常人可比。何由？可以说，其成功的诸多要素之一，除矢志追求等外，乃在于"事冗书须零碎读""日有一泉惟买书"。"鸸书不厌百回读"印文，化自苏东坡《送安敦秀才失解西归》诗起首句，全诗可读，不妨移录如次：

> 旧书不厌百回读，熟读深思子自知。
> 他年名宦恐不免，今日栖迟那可追。
> 我昔家居断还往，著书不复窥园葵。
> 揭来东游慕人爵，弃去旧学从儿嬉。
> 狂谋谬算百不遂，惟有霜鬓来如期。
> 故山松柏皆手种，行且拱矣归何时。
> 万事早知皆有命，十年浪走宁非痴。
> 与君未可较得失，临别惟有长嗟咨。

"鸸书不厌百回读"

《宋史》卷四七一《安敦传》载："安敦，字处厚，广安军人。上舍及第，调成都府教授。上书论学制，召对，擢监察御史。哲宗初政，许察官言事，谏议大夫孙觉请汰其不可者，诏刘挚推择，罢敦为利州路转运判官，历夔州、湖北、江东三路。绍圣初，召为国子司业，三迁谏议大夫。"神宗熙宁三年（1070年），苏东坡写这首诗给时年28岁参加贡举考试不第"失解西归"的安敦，旨在慰勉其不当单纯追求功名，而应振作起来孜孜以求知识本身固有的价值。后来，安敦果然"上舍及第"，并于十三年后的神宗元丰六年（1083年）擢升监察御史。且不论安敦同蔡确、吴处厚、邢恕、吕惠卿、章惇、曾布等一道被列于奸臣之列以及后世如何评价，单就东坡联系自己的坎坷经历、感悟的这首诗本身而言，曾经不知激励了多少士人。徐三庚虽毕生布衣，当初读之恐亦不乏感慨吧。终生未仕经常处于困顿的生存状态下的徐氏，想来自是无多少余资大量购置藏书，尽管不会抱有"他年名宦恐不免"的渺茫期愿，但"旧书不厌百回读，熟读深思子自知"，还是契合其心曲和现实的。

如此苦读，岂无创获，创获又岂能不异常丰厚、建树超群？信笔写来，似有游离，且即此打住。

范文正家风："俭廉恕德"

清吴家应篆刻"惟俭可以助廉，惟恕可以成德"

1913年，22岁的毛泽东在读书笔记《讲堂录》中说，中国历史上不乏建功立业的人，也不乏以思想品行影响后世的人，前者如诸葛亮、范仲淹，后者如孔子、孟子等人。但二者兼有，即"办事兼传教之人"，历史上只有两位，即宋代以《岳阳楼记》一句"先天下之忧而忧，后天下之乐而乐"千古流芳的范仲淹，与清末洋务派和湘军首领曾国藩。

诸葛亮的《诫子书》有道："夫君子之行，静以养身，俭以养德。"清朱应镐《楹联新话》卷八《集古》所辑联语"惟俭助廉，惟恕成德；寡营习静，寡欲养生"的上联，据说集自《范纯仁家训》。范纯仁者，乃北宋名臣范仲淹之子。

见于《飞鸿堂印谱》第二集所辑清吴家应的篆刻"惟俭可以助廉，惟恕可以成德"，语出《宋史·范纯仁列传》："亲族有请教者，纯仁曰：'惟俭可以助廉，惟恕可以成德。'"这一家训，显与"先天下之忧而忧，后天下之乐而乐"一脉相承，堪称范氏官风与家风，亦可见其"办事兼传教"之一斑。究其家风根源，当出乃父之遗。成语"断齑画粥"，即出典于范仲淹故事。宋释文莹《湘山野录》："范仲淹少贫，读书长白山僧舍，作粥一器，经宿遂凝，以刀画为四块，早晚取两块，断齑数十茎啖之，如此者三年。"宋人魏泰《东轩笔录》亦载："惟煮粟米二升，作粥一器，经宿遂凝，以刀画为四块，早晚取二块，断齑数十茎，酢汁半盂，入少盐，暖而啖之。"均指自幼失怙、随母改嫁的范仲淹刻苦求学的情形。宋真宗大中祥符四年（1011年）范仲淹至睢阳应天府书院（在今河南商丘）读书时，依然"昼夜不息。冬日惫甚，以水沃面，食不给，至以糜粥继之。人不能堪，仲淹不苦也"。如此发愤图强，终成一代名相。

无独有偶，曾国藩赠其弟曾国潢的一副楹联亦言及与"惟俭助廉"意思相近似的"俭以养廉"："俭以养廉，誉洽乡党；直而能忍，庆流子孙。"

范文正有四子，长子纯祐字天成，次子纯仁字尧夫，三子纯礼字彝叟，四子纯粹字德孺。长子惜乎享寿不遐，终军器簿。尧夫位丞相，彝叟位右丞，德孺亦跻法从。平时文正喜接纳名士，如孙明复、胡安定之徒，皆出其门。朝夕与其子弟讲论道德，故贤行成于所习云。其清廉家风，其后代得以发扬光大。据《宋史》所载，子孙各有成就，可谓满门忠良。

长子范纯祐，性英悟自得，少有大志，尚节行，是一位10岁即读书多种并能作文章的少年才俊。其"事父母孝，未尝违左右，不应科第。及仲淹以谗罢，纯祐不得已，荫守将作监主簿"，尚未及施展抱负，即以49岁病卒。

次子范纯仁，先后求学于宋初理学"三先生"中的胡瑗、孙复门下。尤其难能可贵的是，范纯仁主张"赖恩泽而生，吾耻之"。不甘于擎享"官二代"之福，而是要凭自身的努力奋斗和本事创造属于自己的辉煌人生。因此，当他17岁因父荫轻易地被任命为正九品的太常寺太祝时，并没有感到得意和荣耀，最终通过激烈的科考无可争议地于皇祐元年（1049年）进士及第，又因父殁而等服满之后方才出仕，以著作佐郎知襄城县，累官侍御史、同知谏院等，为官一如乃父清廉俭朴，被誉为"布衣宰相"，著有《范忠宣公集》。据说，为了筹办救济穷人的义庄，贵为宰相的范纯仁不仅捐出自己的俸禄，还曾长年以青菜、盐豆腐佐粥，全家一年都难得吃上一顿肉，真不愧为范仲淹之子。

据载，宋神宗时范纯仁知宁州，适值州境大饥，纯仁擅发常平仓储粮赈饥。僚属提醒他务必奏请朝廷批准才行，纯仁凛然道："报至无及矣，吾当独任其责。"类似秉公仗义之事，《宋史》还有一些记述：

　　学士苏轼以发策问为言者所攻，韩维无名罢门下侍郎补外。纯仁奏轼无罪，惟尽心国家，不可因谮黜官。及王觌言事忤旨，纯仁虑朋党将炽，与文彦博、吕公著辩于帘前，未解。纯仁曰："朝臣本无党，但善恶邪正，各以类分。彦博、公著皆累朝旧人，岂容雷同罔上。昔先臣与韩琦、富弼同庆历柄任，各举所知。当时飞语指为朋党，三人相继补外。造谤者公相庆曰：'一网打尽。'此事未远，愿陛下戒之。"因极言前世朋党之祸，并录欧阳修《朋党论》以进。

　　苏辙论殿试策问，引汉昭变武帝法度事。哲宗震怒曰："安得以汉武比先帝？"辙下殿待罪，众不敢仰视。纯仁从容言："武帝雄才大略，史无贬辞。辙以比先帝，非谤也。陛下亲事之始，进退大臣，不当如呵叱奴仆。"右丞郑润甫越次曰："先帝法度，为司马光、苏辙坏尽。"纯仁曰："不然，法本无弊，弊则当改。"哲宗曰："人谓秦皇、汉武。"纯仁曰："辙所论，事与时也,非人也。"哲宗为之少霁。辙平日与纯仁多异,至是乃服谢纯仁曰:"公佛地位中人也。"辙竟落职知汝州。

三子范纯礼(1031—1106),字彝叟,以父荫为秘书省正字,历官遂州知州、京西转运副使、江淮荆浙等路发运使、亳州知州等。宋哲宗元祐年间,赐进士及第。宋徽宗时,以龙图阁直学士知开封府,官拜礼部尚书,授尚书右丞。后染疫而殁,卒年76岁,谥"恭献",追赠资政殿大学士,绘像置徽宗神御殿。纯礼一如其父爱国爱民,尤其关注民间疾苦。据《宋史》卷三一四载,其"知陵台令兼永安县"时,"永昭陵建,京西转运使配木石砖甓及工徒于一路,独永安不受令。使者以白陵使韩琦,琦曰:'范纯礼岂不知此?将必有说。'他日,众质之,纯礼曰:'陵寝皆在邑境,岁时缮治无虚日,今乃与百县均赋,曷若置此,使之奉常时用乎?'琦是其对。还朝,用为三司盐铁判官,以比部员外郎出知遂州"。

沪南有边事,调度苦棘,纯礼一以静待之,辨其可具者,不取于民。民图像于庐,而奉之如神,名曰"范公庵"。草场火,民情疑怖,守吏惕息俟诛。纯礼曰:"草湿则生火,何足怪!"但使密偿之。库吏盗丝多罪至死,纯礼曰:"以焚然之丝而杀之,吾不忍也。"听其家趣买以赎,命释其株连者。除户部郎中、京西转运副使。

《文正忠宣奕世遗像》
(范仲淹范纯仁父子遗像)

范纯礼像

四子范纯粹（1046—1117），字德孺，《宋史》载其"以荫迁至赞善大夫、检中正书刑房，与同列有争，出知滕县，迁提举成都诸路茶场"。当"吴居厚为京东转运使，数献羡赋。神宗将以徐州大钱二十万缗助陕西"时，他反对这种劳民伤财的举动，提出"吾部虽急，忍复取此膏血之余""本路得钱诚为利，自徐至边，劳费甚矣"，于是"恳辞弗受"。其忠厚耿直一如乃父乃兄，《宋史》说：

> 纯粹沉毅有干略，才应时须，尝论卖官之滥，以为："国法固许进纳取官，然未尝听其理选。今西北三路，许纳三千二百缗买斋郎，四千六百缗买供奉职，并免试注官。夫天下士大夫服勤至于垂死，不沾世恩，其富民猾商，捐钱千万，则可任三子，切为朝廷惜之。"疏上，不听。凡论事剀切类此。

范氏一门四兄弟，纯仁可谓翘楚。这样讲，非但其官职做得比乃父还高，

清孔继尧绘范纯粹像（清道光九年《吴郡名贤图传赞》）

更在于其继承了乃父胸怀社稷、一身正气、刚正不阿的高尚品格。即如《宋史》评论所言：

>　　纯仁性夷易宽简，不以声色加人，谊之所在，则挺然不少屈。自为布衣至宰相，廉俭如一，所得奉赐，皆以广义庄；前后任子恩，多先疏族。没之日，幼子、五孙犹未官。尝曰："吾平生所学，得之'忠恕'二字，一生用不尽。以至立朝事君，接待僚友，亲睦宗族，未尝须臾离此也。"每戒子弟曰："人虽至愚，责人则明；虽有聪明，恕己则昏。苟能以责人之心责己，恕己之心恕人，不患不至圣贤地位也。"又戒曰："《六经》，圣人之事也。知一字则行一字。要须'造次颠沛必于是'，则所谓'有为者亦若是'尔。岂不在人邪？"弟纯粹在关陕，纯仁虑其于西夏有立功意。与之书曰："大辂与柴车争逐，明珠与瓦砾相触，君子与小人斗力，中国与外邦校胜负，非唯不可胜，兼亦不足胜，不唯不足胜，虽胜亦非也。"亲族有请教者，纯仁曰："惟俭可以助廉，惟恕可以成德。"其人书于坐隅。有文集五十卷，行于世。

北宋时，几与范氏四兄弟同事或同朝为官的，还有蔡氏四兄弟，即同宗同辈的蔡确、蔡襄、蔡京和蔡卞。不过，"四蔡"之中的蔡确、蔡京、蔡卞三位却列入了《宋史·奸臣列传》，亦不能不谓"名垂青史"也。身为一代著名书法家的北宋权相蔡京，尤以贪黩闻名，在太学生陈东上书中名冠"六贼之首"（其他五位是王黼、童贯、梁师成、朱勔、李邦彦）。宋钦宗即位后，蔡京被贬岭南，途中死于潭州（今湖南长沙）。两门四兄弟的历史结局若此，究其主要原因，"俭廉恕德"四字不可不谓分水岭。论说起来，还当属《宋史·范仲淹列传》"论曰"概括的那样："自古一代帝王之兴，必有一代名世之臣。宋有仲淹诸贤，无愧乎此。仲淹初在制中，遗宰相书，极论天下事，他日为政，尽行其言。诸葛孔明草庐始见昭烈数语，生平事业备见于是。豪杰自知之审，类如是乎！考其当朝，虽不能久，然先忧后乐之志，海内固已信其有弘毅之器，足任斯责，使究其所欲为，岂让古人哉？纯仁位过其父，而几有父风。元祐建议攻熙、丰太急，纯仁救蔡确一事，所谓谋国甚远，当世若从其言，元祐党锢之祸，不至若是烈也。仲淹谓诸子，纯仁得其忠，纯礼得其静，纯粹得其略。知子孰与父哉！"

"俭廉恕德"是儒家的正统理念，也是规范中国社会秩序和文明进程最本元的核心价值观。非此，则公平正义无从谈起。或言之，"克己复礼"之"礼"是秩序与文明的话，其所"克"者，亦即对"俭廉恕德"的追求和自我约束。这一点，早已尽然融于历代仁人志士的言行之中。

例如，清高拱京《高氏塾铎》所论："俭有四益：人之贪淫，未有不生于奢侈者，俭则不至于贪，何从而淫，是俭可以养德，一益也。人之福禄，只有此数，暴殄糜费，必至短促，搏节爱养，自能长久，是俭可以养寿，二益也。醉浓饱鲜，昏人神志，菜羹蔬食，肠胃清虚，是俭可以养神，三益也。奢者妄取苟存，志气卑辱，一从俭约，则于人无求，于己无愧，是俭可以养气，四益也。"晚清名臣曾国藩也有类似内容的一副对联书赠其弟曾国潢："俭以养廉，誉洽乡党；直而能忍，庆流子孙。"

洋务派代表人物张之洞在《劝学篇·内篇·守约第八》中议论道："经学通大义，切于治身心、治天下者，谓之大义。凡大义必明白平易，若荒唐险怪者乃异端，非大义也。《易》之大义，阴阳消长；《书》之大义，知人安民；《诗》之大义，将顺其美，匡救其恶。《春秋》大义，明王道，诛乱贼；《礼》之大义，亲亲、尊尊、贤贤；《周礼》大义，治国、治官、治民。三事相维。此总括全经之大义也。如十翼之说《易》，《论》《孟》《左传》之说《书》，大小序之说《诗》，《孟子》之说《春秋》，《戴记》之说《仪礼》，皆所谓大义也。惟'俭廉恕德'方生大义也！"

宋诗有云："勤明真世济，廉俭信家传。"（宋·楼钥《齐安郡夫人金氏挽词》)对于平民百姓而言,"秋成不廉俭,岁余多馁饥。顾视仓廪间,有粮不成炊"(唐·孟云卿《田园观雨兼晴后作》)。至于为官者,亦然。"居官俭以廉,饭茹或不糁。解官卒难去,抱疾偃破毯。冻僮仅缝补,羸马缺灌啖。客至棋一局,无客书自览。"(宋·方回《送前歙黟楚□□五首》其五)《韩非子·解老》云:"人有欲则计会乱,计会乱而有欲甚,有欲甚而邪心胜,邪心胜则事经绝,事经绝则祸乱生。"清两广总督林则徐在查禁鸦片时期,曾亲书自勉堂联"海纳百川,有容乃大;壁立千仞,无欲则刚"。范纯仁恪守家训坚守"俭廉恕德"之律已持家为官底线,自是光明磊落、坦荡处事、仗义执言。究其关键,在于"惟俭可以助廉,惟恕可以成德"。范仲淹后裔所居罗江范家大院北门石柱上阴刻的楷书楹联是"自喜真轮光世泽,还崇廉俭绍家风",可见其家风之传承长远。

凡此,千古箴言,古今同理,古为今鉴。历代兴亡,多失之于吏治腐败,有悖于"俭廉恕德"!

范仲淹后裔之古民居:罗江范家大院

王艮与李贽的"乐学"理念与境界

清石成金《传家宝》篆刻"乐是乐此学,学是学此乐"

清石成金《传家宝》篆刻"乐是乐此学,学是学此乐",印文语出明代哲学家王艮《乐学歌》:"乐是乐此学,学是学此乐。不乐不是学,不学不是乐。"或言之,快乐是由于学习,学习在于学习之乐;不快乐则不学习,不学习谈何快乐?与古人对话,学习古人智慧,是人生一大快乐。故而,曾国藩的"君子三乐",首先是"读书声出金石,飘飘意远",其次是"宏奖人才,诱人日进",最后是"勤劳而后憩息"。

出身低微贫寒的明代哲学家王艮,主张满足人们生理需求的各种物欲符合人的自然天性,反之违背人的自然天性,强迫人们"为其所不为""欲其所不欲",才真正是"存天理,灭人欲"。因而他笃信孔子"有教无

王艮（1483—1541）像　　　　王艮碑刻像

类"的教育理念，把注重百姓衣、食、住、行等世俗生活各种欲求的"百姓日用"作为学问家的"良知"，注重学以致用，倡导"愚夫俗子"的日用之学，身体力行地推广平民教育。目的显然是企望无论贵贱，人人都能掌握最基本的谋生知识和技能。

由此我想起了李贽有名的《读书乐》。《读书乐》曰：

天生龙湖，以待卓吾。天生卓吾，乃在龙湖。

龙湖卓吾，其乐何如？四时读书，不知其余。

读书伊何？会我者多。一与心会，自笑自歌。

歌吟不已，继以呼呵。怮哭呼呵，涕洒滂沱。

歌匪无因，书中有人。我观其人，实获我心。

哭匪无因，空潭无人。未见其人，实劳我心。

弃置莫读，束之高屋。怡性养神，辍歌送哭。

何必读书，然后为乐。乍闻此言，若悯不谷。

束书不观，吾何以欢？怡性养神，正在此间。

　　世界何窄，方册何宽？千圣万贤，与公何冤？

　　有身无家，有首无发。死者中身，朽者足胃。

　　此独不朽，原与偕殁。倚啸丛中，声震林鹍。

　　歌哭相从，其乐无穷！雨阴可惜，曷敢从容。

　　王艮的自然人性论被其再传弟子李贽阐发得更为直截了当："穿衣吃饭即是人伦物理，除却穿衣吃饭无伦物矣。世间种种皆衣与食类耳，故举衣与饭而世间种种自然在其中，非衣饭之外更有所谓种种绝与百姓不同者也。"（李贽《焚书·答邓石阳书》）《读书乐》系李贽70岁时所作，主要是讲老来读书之趣。《读书乐并引》云："曹公云'老而能学，唯吾与袁伯业'。夫以四分五裂，横戈支戟，犹能手不释卷，况清远闲旷哉一老子耶？虽然，此亦难强。余盖有天幸焉。天幸生我目，虽古稀犹能视细书；天幸生我手，虽古稀犹有书细字，然此未为幸也。天幸生我性，平生不喜见俗人，故自壮至老，无有亲宾往

李贽（1527—1602）像

来之扰，得以一意读书。天幸生我情，平生不爱近家人，故终老龙湖，幸免俯仰逼迫之苦，而又得以一意读书。然此亦未为幸也。天幸生我好心眼，开卷便见人，便见其人终始之概。夫读书论世，古多有之，或见皮面，或见体肤，或见血脉，或见筋骨，然至骨极矣。纵自谓能洞五脏，其实尚未刺骨也。此余之自谓得天幸者一也。天幸生我大胆，凡昔人所忻艳以为贤者，余多以为假，多以为迂腐、不才而不切于用。其所鄙者、弃者、唾且骂者，余皆以为可托国托家而托身也。其是非大戾昔人如此，非大胆而何？此又余之所自谓得天幸者二也。有是二幸，是以老而乐学。"

就此，明吴应箕叹道："读书者当观是。"（《读书止观录》卷三）以今话言之，亦即"活到老学到老"，终身学习，学习一生。

为何学习？王充说得似乎严重一些，认为是人与动物的一大区别，否则不外乎酒囊饭袋。《论衡·别通》曰："人生禀五常之性，好道乐学，故辨于物。今则不然，饱食快饮，虑深求卧，腹为饭坑，肠为酒囊，是则物也。……与三百倮虫何以异？"倒是孔子告诫昏君卫灵公说得直白，认为学习是为了掌握赖以谋生的知识、本领。

学习什么？首先是生存于世所必需的知识与技能，生活的本事。亦即《论语·卫灵公》所云："君子谋道不谋食。耕也，馁在其中矣；学也，禄在其中矣。"《法苑珠林》亦就《论衡·量知》所言"手无钱而之市决货，货主必不与也"作比喻，不约而同地附和了这个道理，"夫胸中无学，亦犹手中无钱"。

怎样学习？《论语·为政》云：子曰"学而不思则罔，思而不学则殆"。可谓至理名言。

那么，为什么学习会快乐？傅玄云："人之学者，犹渴而饮河海也，大饮则大盈，小饮则小盈。"（《傅子》）又徐伟长《中论》曰："学者，疏神、达思、怡情、理性也。初学则如夜在玄室，所求不得。白日照焉，则群物斯辨。矫首而徇飞，不如修翼之必获；孤居而愿知，不如务学之必达。"是谓学习之乐也。

王艮早年起即踽踽独行地刻苦自学，常常置书怀中，"逢人质义"，虚心求教，终成独领一代风骚的泰州学派创立者和思想领袖。王艮深恶痛绝专制下的"五伯"社会，而憧憬向往"羲皇""三代"圣世，他主张的"刑因恶而用，恶因无教养而生，苟养之有道，教之有方，则衣食足而礼义兴，民自无恶矣，刑将安施乎？然养之之道，不外乎务本节用而已。古者田有定制，民有定业，均节不忒，而上下有经，故民志一而风俗淳"，正是普施教育的哲思理念。其以布衣终生传道，"入山林求会隐逸，过市井启发愚蒙，沿途聚讲，直抵京师（北京）"。并于乡间（安丰场）构筑"东淘精舍"授徒讲学，所教对象"上至师保、公卿，中及疆吏、司道、牧令，下逮士庶、樵陶、农吏，几无辈无之"。

谯周"诵读典籍，欣然独笑，以忘寝食"（《三国志·蜀书·谯周传》），可谓"乐学"。博学广识的谯周被称为"蜀中孔子"，是三国时期蜀汉著名的儒学大师、史学家和官员，《三国志》作者陈寿的授业恩师。

王国维在《人间词话》中谈到了治学的"三境界"："古今之成大事业、大学问者，必经过三种之境界：'昨夜西风凋碧树，独上高楼，望尽天涯路'。此第一境也。'衣带渐宽终不悔，为伊消得人憔悴。'此第二境也。'众里寻她千百度，蓦然回首，那人却在灯火阑珊处。'此第三境也。"

"谯周独笑"可谓一种"乐学"，但不是每个人都能得到的"乐学"。王国维的治学"三境界"亦然。那么，我们是否可以说，"乐学"是全体国民乃至人类的一大最基本的人生境界呢？

清乾隆时举人涂宁舒的一首《竹枝词》吟道："风绕长廊雪压庐，须教冬学足三余。儿童自有读书乐，询到田家总不如。"（《高粱耆英集》卷三）现代文明快速发展的进程，让全社会形成了一个重要的共识，那就是社会生活要求人们终生学习，终身追求"乐学"的境界。

"班门弄斧"二解

齐白石篆刻"鲁班门下"

"班门弄斧"这则成语,在我国丰富多彩的语言大海中,是个颇为人们所熟知常用、生命力很强的词语,其典故来历也为人们千载流传。"鲁班"亦作"鲁般"。《孟子·离娄上》:"离娄之明,公输子之巧,不以规矩,不能成方圆。"赵岐注:"公输子,鲁班,鲁之巧人也。"大致是说,春秋战国的时候,有个声名昭著的能工巧匠叫公输般。因是鲁国人,又称鲁班(古"般""班"音近可通用)。他主要从事木匠工艺。据说现今木工用的锯、钻、刨、曲尺(鲁班尺)等都是他发明的。相传他还发明有磨面的石磨、木马、云梯及能飞而"三日不下"的竹木鸟等,是位两千多年来一直为人们所称道的传奇人物。过去木、瓦、铁、石等手工匠人都供奉他为"祖师",称之"鲁班爷"。

与此关联的，传说明朝有个叫梅涣之的，到今安徽马鞍山市长江东岸一个古称采石矶的地方游览。他看到此地唐大诗人李白墓前竟有人题了不少歪诗，很觉可笑。于是，他也题诗一首："采石矶边一堆土，李白之名高千古。来来往往一首诗，鲁班门前弄大斧。"借"班门弄斧"这个典故，辛辣、恰如其分地讽刺了那些不自量力的游人。此即这则成语贬义用法的一个注解，用来讽喻嘲笑那些在专家面前卖弄本领的蠢人。

但是，这并未尽然。新华社曾发了一条记述我国著名数学家华罗庚教授在英国讲学经历的消息，这篇短文的题目恰恰是"下棋专找高手，弄斧要到班门"。文中所引华罗庚教授的话中还有这么一句："下棋找高手，弄斧到班门，这是我一生的主张，只有不怕在能者面前暴露自己的弱点，才能不断进步。"这话多么彻透啊！我想，这当是这则成语的另一个贴切的、褒义的注脚。

后世多以此典故比喻不自量力。如宋欧阳修《与梅圣俞书》："昨在真定，有诗七八首，今录去，班门弄斧，可笑可笑。"又元关汉卿杂剧《金线池·楔子》："兄弟对着哥哥跟前，怎敢弄斧班门，徒遗笑耳。"

清已降，常见于诗文。如：

东庄小筑欠迂回，差喜春花面面开。

文从肯临看绿竹，蓬门愿与扫苍苔。

清新句为园生色，隽妙香从腕底来。

惭愧班门思弄斧，高吟难继莫相猜。

（清·陈式金《步赵于岗孝廉韵三首》其一）

约略前身，君与阿侬，有未了因。

自惭蒲柳，敢言伉俪，替司巾栉，怎许娉婷。

刺绣闲时，吟笺寄与，月底花前聊遣情。

君休笑，是班门弄斧，愧不如卿。

（清·钱念生《沁园春·赠外》上阕）

平生百好百无成，学书学剑终何补。

况于此艺小尝试，无乃班门强弄斧。

（清·韩封《射圃草亭初成与同人较艺》节选）

敢弄班门斧，今吾亦自豪。

怨思兼小雅，沉痛过离骚。

（清末民初·曹家达《朱念陶夫妇五十双寿十首》其十）

先生大名如雷贯耳，小弟献丑，真是班门弄斧了。

（清·吴敬梓《儒林外史》第二八回）

闻得亭亭姐姐学问渊博，妹子何敢班门弄斧，同她乱谈。

（清·李汝珍《镜花缘》第五二回）

同一则成语典故，因所用有别，也就表现为两种截然不同的含义。仔细咀嚼，其中还真含有相当深刻的生活哲理呢！

一个人学了一点儿东西，有了一点儿本事，切不可妄自尊大，目空一切，这样只能一叶障目，止步不前，停止在"半桶水"的水平上，当然不会有什么大的作为；相反，一个人特别是青年人，如果妄自菲薄，唯唯诺诺，害怕失败丢脸，不敢实践，也一定不会有什么出息的。可见，只有既谦虚谨慎，又敢于探索，勇于攀登，才能跨越一个又一个辉煌的事业里程碑。科学这东西，既忌任何狂妄，也讨厌"犹抱琵琶半遮面"似的虚伪羞怯。

此即"班门弄斧"二解。

话说"特立独行，刚介有守"

王力春篆刻"特立独行，刚介有守"

言说这个题目，首先还是从胡长孺这个人来破题。

胡长孺（1240—1314），字汲仲，号石塘，宋末元初婺州永康(今浙江永康西城街道山下村)人。其出生于经学世家，远祖胡邦直、祖父胡岩起及乃父胡居仁均为宋朝的进士，可谓出身家学深厚的书香门第。他幼承家学，自小勤奋刻苦，曾拜青田著名学者余学古为师，传承朱熹嫡传弟子叶味道之学说，与同以经术文学显名郡邑的堂兄胡之纲、胡之纯并称为"三胡"，又与当时蜀郡学者高彭、李湜、梅应春等齐名，号为"南中八士"。同时，还以书法著称于世，与当时的大书法家赵孟頫结为至交好友。元初一度奉召入京出任集贤院修撰，因与权臣不合而被逐出京师。其秉性刚介正直，以孟子自命，视弘扬儒家修齐治平之道为己任，颇有担当的传统文人风骨。此后无论出任何种官职，无不为官清正廉洁，抑权贵，拒贪腐，惩奸盗，平冤狱，人品、学问和官声皆佳，有《瓦缶编》《建昌集》《宁海漫钞》《颜乐斋稿》《石塘诗稿》《胡长孺集》等传世，事迹见《元史·儒林传》以及《金华府志》《永康县志》等地方史志。

明代文献中有数则关于"特立独行，刚介有守"的故事，而且故事的主人公都是胡长孺。

其一是陶宗仪《辍耕录·不苟取》所记：

> 胡汲仲先生（长孺），号石塘，特立独行，刚介有守。赵松雪尝为罗司徒奉钞百锭，为先生润笔，请作乃父墓铭。先生怒曰："我岂为宦官作墓铭邪？"是日，先生正绝粮，其子以情白，坐上诸客咸劝受之，先生却愈坚。观此，则一毫不苟取于人，从可知矣。故虽冻馁有所不顾也。先生送蔡如愚归东阳诗有云："薄糜不继袄不暖，饥肠犹作钟球鸣。"语之曰："此余秘密藏中休粮方也。"

此事在清人赵翼《陔馀丛考》卷三一"润笔"亦言及，"又元时胡汲仲贫甚，赵子昂为介罗司徒，请作其父墓铭，以钞百锭为润笔。汲仲怒曰：'我岂为宦官作墓铭耶？'是日无米，其子以情告，汲仲却愈坚。尝诵其送人诗'薄糜不继袄不暖，饥肠犹作钟球鸣'之句，谓人曰：'此吾秘密藏中休粮方也。'"故事主要是说汲仲尽管自己生活很拮据，却于重金诱惑面前坚守节操，断然拒绝挚友赵孟頫的请求，不为权奸太监父亲撰写涂脂抹粉歌功颂德的墓志铭。

其二是冯梦龙《智囊全集·胡长孺》所记：

> 胡汲仲在宁海日，有群妪聚佛庵诵经，一妪失其衣。适汲仲出行，讼于前，汲仲以牟麦置群妪掌中，令合掌绕佛诵经如故。汲仲闭目端坐，且曰：

"吾令神督之,盗衣者行数周,麦当芽。"中一妪屡开视其掌,遂命缚之,果窃衣者。

这是一个胡长孺出任宁海主簿时的故事。有一次,在佛堂聚集诵经的一位妇人的衣服遭窃,此妇女就央求路经此地的胡主簿替她寻回失物。于是他给每位诵经的妇人手里放一粒大麦之后,要她们仍继续绕着佛像合掌诵经,他自己则闭着眼睛端坐一旁,对大家说:"我要求神明在天监督着,当绕佛诵经几圈之后,偷人衣服者手里的大麦就会发芽。"他观察到有一个诵经的妇人屡次察看自己掌中的大麦,于是命人将其擒下审问,果真就是偷人衣服者。显然,这位胡主簿未采用审讯的常规手段,而是不动声色、出其不意地采取心理暗示的高压办法巧妙破了案。

在与冯梦龙《智囊全集》齐名的明代俞琳所辑《经世奇谋·诬攀道真相》中,还辑录了胡长孺巧破另一个疑案的事迹。

战国宋玉的《风赋》在"雌风"中写到"主人之女,垂珠步摇"的女性首饰,亦即东汉刘熙《释名·释首饰》中说的"上有垂珠,步则摇动也"。其特点是垂珠伴随着佩戴者的步履而颤动、摇曳,展示其婀娜多姿的身体。湖南长沙马王堆1号汉墓帛画中贵妇头上的饰物,即为这类由多颗圆珠连缀而成的"垂珠步摇"。俞琳在这本书里,说的是元朝永嘉有个人把妻子的珠步摇质押给哥哥,当他想赎回的时候,却因其嫂子也很喜爱这件珠步摇,就谎称被盗了。赎不回来,弟弟就报了官,但缠讼好久不能判决,于是就告请胡长孺明断。胡长孺则以不属于自己管辖为由将他赶走了。不久,胡长孺在审理一宗盗窃案时,便故意唆使盗贼诬称那位哥哥收受了这件珠步摇赃物,并以此为由逮捕了哥哥。这哥哥当然要极力否认,胡长孺却不理会,询问:"为何你家明明有这个东西却说不是赃物?"惶恐的哥哥赶忙辩解说:"那是弟弟质押的东西。"于是便要他带来让弟弟查验。就这样,弟弟认下了自己的东西,洗清了哥哥的罪名，哥哥只好把珠步摇还给了弟弟。

以"特立独行，刚介有守"谓人处事志行高洁，不随波逐流，较早见于《礼记·儒行》："世治不轻，世乱不沮；同弗与，异弗非也。其特立独行有如此者。"

唐韩愈《伯夷颂》："士之特立独行，适于义而已，不顾人之是非，皆豪杰之士，信道笃而自明者也。"

何谓"刚介"？刚强耿介也。如南朝宋刘义庆《世说新语·贤媛》云："彼刚介，有才气，卿往不如不去。"《资治通鉴·晋安帝隆安元年》曰："诜刚介雅正，以风教为己任。"何谓"雅正"？如清人蔡世远《二希堂集》自序所云："名之曰雅正者，其辞雅，其理正也。"言行如此，则为"守正"，亦即宋吕祖谦《卧游录》论及平生以气节自励的北宋大宗正丞田昼时所言之"刚介自守"。其所言"刚介自守"早于陶宗仪《辍耕录·不苟取》所载，但两语连用，则始见于是书。

前面引述胡长孺的三个故事的后两个故事，述其行事不循规蹈矩、恪守常规，而是根据自己独特的思维方式，别出心裁、出其不意地巧妙破案，在常规逻辑中可谓"特立独行"，赞的是其理性与机智。

至于前一则《辍耕录·不苟取》所记，则是赞其品行操守，做到了韩愈赞颂伯夷所言"士之特立独行，适于义而已，不顾人之是非……信道笃而自明"，刚介有守，堪称"皆豪杰之士"。在历代史志和一些笔记杂著里，均不乏类似赞颂这种品行操守的记述，足见其流传之广远，亦可见世人对"特立独行，刚介有守"品格操行之崇敬。古往今来，芸芸众生，"特立独行，刚介有守"之士不可说少亦绝非很多，或谓为数有限。世人的推崇和赞颂，不仅仅是伦理性的首肯，还在于其非常人所能为之者。若无此品格操守，古来何谈苏东坡、郑板桥，近代又何谈章太炎、鲁迅、陈寅恪、吴宓、林纾、梁实秋，乃至一向被视为奇才怪杰的刘文典、辜鸿铭、张竞生、李宗吾者流？

古人云："唯大英雄能本色，是真名士自风流。"应当说，真名士皆具有"特立独行，刚介有守"的品格与智慧，也正是其"风流"之根本所在。黄图珌《看山阁闲笔》有云："君子之立志也，不以势荣，不以时易，不以名辱，不以利污。温温如玉，君子之器已成；清清若冰，贤者之风陡起。积德犹积金，怀仁胜怀宝。虽入穷途而不悲，即临大事而不俗。此君子立志之大要也。"又云："君子之立义也，服以行信，唱而成业。"显然，孔子曰："君子义以为质，礼以行之，孙以出之，信以成之。君子哉！"

不应讳言，古今总是有那么一些以"特立独行"为标榜、以"风流名士"自诩者，刻意充当"雷人"，讲"雷言雷语"哗众取宠蒙人，恰恰就失于"刚介有守"这一品行操守。出人意料发表与众不同、具有真知灼见的言论，甚至独树一帜或爆个"冷门"，自当鼓励嘉勉。但其"诐辞知其所蔽，淫辞知其所陷，邪辞知其所离"（《孟子·公孙丑上》），误事、误人、误导社会舆论，岂容宽宥！蒙人一时还蒙得一世？终难久长。或怀才不遇，无位不当紧，务必有品也。其"品"者，"刚介有守"也。"特立独行"者，虽卓尔不群但并非桀骜不逊的"狂狷之士"，尚须有"品"。反之，乃十足"小人"，即刘向《说苑·杂言》所云："君子居人间则治，小人居人间则乱。君子欲和人，譬犹水火不相能然也，而鼎在其间，水火不乱，乃和百味。是以君子不可不慎择人在其间。"不随波逐流，追求超凡脱俗，但不可自视甚高、藐视世人。恪守自己的人格尊严，亦当尊重他人的人格尊严。欲不媚权谄贵，则要正气盈胸，不可不检束言行、放浪不羁，还要"刚介有守"。可见，"特立独行"绝非常人所能为者，亦非各种畸形或极端行为所能滥竽充数，诸如伯夷、胡长孺等，自当珍视之，赞颂之。

元诗人胡助有《敬题范文正公所书伯夷颂卷尾》诗赞叹"特立独行，刚介

有守",移录如下:

  翰墨尝托文章传,文章益重节义全。使无节义照今古,文章翰墨空婵娟。

  特立独行不顾众,万世标准权亦用。吏部雄文破鬼胆,为渠唤醒西山梦。

  范公相望余千龄,人物自与皋夔并。黄素细书《伯夷颂》,白头不草《太玄经》。

  一字千金价无让,虹光夜彻星斗上。夷清韩颂高平书,再拜莫作文翰想。

  奸臣袭藏犹畏仰,面无生色沘流颡。珠还毡复子孙贤,我信斯文天未丧。

  佳辞善书常有余,呜呼,节义不可一日无。

"敬事"：东西方共有的传统

秦印"敬事"

这些年来，我埋首致力于学术研究，阅读文学作品比"文学青年"时期少多了。不过，"文心难泯"，作家梦犹存，时不时地还要选读一些古今中外的文学作品，权当作心灵的小憩。那天，在搜觅大陆新版陶希圣先生著述及其传记性文献的过程中，浏览所至，偶见《刀口上的贵族》作者、旅美作家沈宁先生的"我在美国三十年"系列著述，再看作者介绍：

> 蒋介石文胆陶希圣之外孙，民主人士沈钧儒之侄子，著名翻译家沈苏儒之子。美籍华人，曾任"美国之音"新闻主播、美国联邦空军军官学院教官。先后出版了《美国十五年》《战争地带》《商业眼》《美军教官笔记》《点击美国中小学教育》，长篇小说《百世门风》、《刀口上的贵族》（原名《唢呐

烟尘》）等。他的作品被誉为是"目前为止新移民文学中表现美国社会最真实、最全面的力作"。

再从网上搜读有关沈宁先生的信息，进一步得知，其祖籍浙江嘉兴，生于南京，在上海长大，曾在陕北插队，大学毕业于西北大学中文系，被分配至陕西省电视台，制作电视剧；1983年夏自费赴美留学，获硕士学位，后西迁旧金山任教，还曾在多家美国公司任职。出国30年，出版了多部著作。不禁联想到，像这样一位家世、教育和阅历背景很深的作家，其对美国社会、文化的考察与认知、评介，一定会客观平实。又见前美国哈佛大学哈佛燕京图书馆馆长吴文津评论本书："世人对美国社会的观察多趋于表面，褒贬之辞多有言过其实之嫌。本书作者以其旅美近三十年之个人经历，对美国政治经济、文化教育，以及日常衣食住行之生活点滴作深入浅出的介绍，平铺直叙，足供欲了解美国软实力人士参考。"于是，拨动了我的心弦，眼睛一亮，立即特意选购了他的"我在美国三十年"系列著述的三部书：《日常美国》（旅美生活随笔）、《从华盛顿到华尔街》（美国社会观察笔记）、《培育自由》（美国教育观察笔记）。

20世纪30年代，一位旅美作家曾感叹："中国人普遍很难得的一种亲切而正确的美国社会观。"（乔志高《恐慌后的美国社会》，1936）时过半个多世纪，如何平实客观地认识以美国为代表的西方社会及其文化，一如西方社会如何客观认知古老的中国社会一样，仍是当今跨文化交流的一大现实问题。于是，快递送书一到的当晚，我就迫切地浏览起来。"了解一个国家，必须要了解那些土地开垦者的辛劳往事，那些在街道上行走着的百姓的日常生活，那些出入高楼的普通男女的喜怒哀乐，那些选择政府的大众的意愿和感情。"（沈宁"我在美国三十年"自序）在其《日常美国》中，作者表述的感受是：

总而言之，我所认识的美国同事和朋友，永远是个个忙碌，永远有做不完的事情。大家都盼周末能多几天才好，没人觉得自己生活单调和无聊。

大多美国人不认为拥有权势、金钱和名气才标志成功，甚至仍然相信为富不仁的古训。美国社会里，人们把家庭、学识、子女、健康、娱乐、快乐、亲情、轻松等，视为一个人是否成功的标志。人可以不富足，但只要家庭和睦、亲情浓厚、健康快乐，便是成功者。相反，虽然家缠万贯，但积劳成疾、孤家寡人、万民指骂，谈不上成功。

美国人热衷于自己的个人生活和个人爱好，并且非常沉醉和执着。

永远做不完的事情、永远不厌烦的娱乐、永远新鲜的情趣，使美国人觉得生活紧张而有趣，他们用不着靠单调无聊的电视连续剧打发晚上和周末，也用不着去声色场所寻求生理和心理刺激。科罗拉多州人的生活乐趣在野外，在球场，在花园，在自然，而不在饭桌边，不在大街上，不在歌厅里。

他讲了一个女邻居辛迪的事例：

我有过一个美国女邻居，她名叫辛迪，做了35年丹佛学区总校长的行政秘书，退休之后就搬走了。她19岁开始在丹佛学区工作，从最底层做起，操作一种简单的打卡机，负责阅读印出的卡片。她那时根本不晓得学区该怎么管理，更从来没有梦想过，日后自己会从地下室升到办公大楼最高一层，坐上一个实权位置。

35年间，丹佛学区换过十三个总校长，辛迪一直在学区办公楼里工作，为每一位新老校长服务。丹佛学区的许多政策，都由辛迪起草，然后交学区委员会讨论通过。她没有特别的头衔，但有很大的权力。一位前任总校长说："我任副总校长和总校长期间，辛迪直接在我手下工作，她是整个校区我最信任的两个人之一，副总校长除外，辛迪就是另一个总负责人。"

辛迪是个很安静的女人，很古典，很有风度。有时她会戴一串珍珠项链，穿裙子上班时总穿长筒丝袜。她从来不在电视摄像机前露脸，宁愿安安心心在复印机前工作。她日常工作任务很重，事务繁杂，可她为自己确立了一个工作日程目标——今晚我要在晚间新闻开始时赶到家。

这是最典型的美国心脏地带主流社会的女人，任劳任怨，数十年如一日。美国人没有选她做全国劳模、国会议员，没有给她光环和特权。不管曾经多么显赫过，工龄一满35年，她就退休，从此隐居度日，不问朝政。她很普通，好莱坞电影不会演她的故事，《纽约时报》排行榜上的书也不会写她。所以美国心脏地区以外的人，很少有机会接触到她。可她跟与她相同的人，构成了美国社会的主流。

美国立国区区三百年，其快速发展即主要依赖于如此"敬事"的来自众多国家的移民。

至此，我油然想到汉语一个古老的固有词语："敬事"。"敬事"是儒家文化倡导的一个悠久传统和美德。如《逸周书·谥法》："敬事供上曰恭。"清朱右曾《逸周书集训校释》云："敬事，不懈于位。"意思是敬慎处事、敬业。而且，这"敬事"还有道德规范，如《论语·学而》："敬事而信，节用而爱人，使民以时。"甚至，"殷汤受命，委任于阿衡，忠其敬事，有罪不逃刑"（庾信《周五声调曲·其一商调曲》）。孔子主张人要有勤奋敬业精神，"执事敬"（《论语·子路》）、"事思敬"（《论语·季氏》）、"修己以敬"（《论语·宪问》）。《礼记·学记》："一年视离经辨志，三年视敬业乐群。"后来，梁启超《敬业与乐业》："我这题目，是把《礼记》里头'敬业乐群'和

古玺"敬事"

《老子》里头'安其居，乐其业'那两句话，断章取义造出来的。我所说的是否与《礼记》《老子》原义相合，不必深求；但我确信'敬业乐业'四个字，是人类生活的不二法门。"中华民族数千年灿烂文明史，也正是无数勤奋敬事者前仆后继所创造的丰功伟业。

诸葛亮《后出师表》云："夫难平者，事也。……臣鞠躬尽瘁，死而后已。至于成败利钝，非臣之明所能逆睹也。"千百年来，"鞠躬尽瘁，死而后已"，可谓中华传统文化最典型的敬业精神范例，恰可视为"敬事"之生动别解或写照。孔子所言"饱食终日，无所用心，难矣哉！不有博弈者乎？为之，犹贤乎已"（《论语·阳货》），可视为"敬事"之反讽也。

于是，我悟得一个看似浅显寻常却往往被忽略了的道理——"敬事"：东西方共有的文化传统，全人类社会共有的基本行为规范。若非如此，谈何人类进步与当今世界文明！

【书人书话故事丛议】

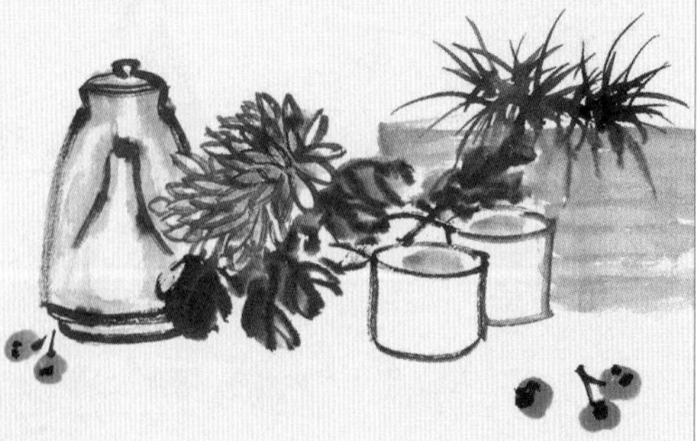

感悟"书痴"

清陈鳣藏书铭印"得此书,费辛苦。后之人,其鉴我"

"得此书,费辛苦。后之人,其鉴我",这是清代著名学者兼藏书家陈鳣的一方藏书铭印。

清叶德辉《书林清话》卷十《藏书家印记之语》云:"藏书与藏法书名画不同,子孙能读,贻之;不能读,则及身而散之,亦人生大快意事,此吾生平所持论也。昔宋穆参军修,卖书相国寺中,逢人辄曰:'有能读得韩柳文成句者,便以一部相赠。'人知为伯长,皆引去。余犹笑其不达,夫欲卖则卖耳,何必问人能读韩柳文乎?更何必平白赠人,使人闻而引去也。吾尝忆及古人藏书印记,自唐至近世,各有不同,而亦同为不达而已。……吴骞藏书印记云:'寒可无衣,饥可无食,至于书不可一日失。此昔人诒厥之名言,是为拜经楼藏书之雅则。'见《丁志》宋刻钞配《咸淳临安志》，陈鱣藏书印记云：'得此书，费辛苦。后之人，其鉴我。'见《蒋记》。……余自先祖藏书至今，已及三代，吾更增置之，所收几二十万卷。诸儿不能读，浊世不知重。每叹子孙能知鬻书，犹胜于付之爂滕覆酱瓿褙鞋衬。及吾身而思遵王之遇沧苇其人，盖犹快意事也。"可略窥藏书家之苦与乐。

陈鱣，字仲鱼，号简庄，又号河庄，别署新坡。浙江海宁人。生于乾隆十八年(1753年)，卒于嘉庆二十二年(1817年)。家在硖川紫微山麓。嘉庆元年(1796年)，以郡庠生举孝廉方正。嘉庆三年(1798年)举人。著名学者、藏书家。陈鱣一生嗜书如命，晚年特建"向山阁""六十四砚斋""士乡堂"和"孝廉居"等多处藏书楼，藏书十万余卷，与当时的藏书大家黄丕烈、吴骞等人结交甚密，经常往来，每得善本必相互切磋交流。其藏书楼"向山阁"，与黄丕烈"士礼居"、吴骞"拜经楼"齐名。而且，他不仅单纯为收藏而收藏，身为学者是藏以致用，擅长校勘、考据，致力于训诂，学宗许慎、郑玄，尤以经学、史学研究见长，于经学书籍的校勘、考订成就甚著。同时代另一位著名藏书家吴骞之侄吴衡照赞誉他"博闻强记，手不释卷，尤深于许、郑之学，同时推为汉学领袖"。(见《海昌诗淑》)著述颇丰，主要有《说文声系》《说文解字正义》《石经说》《经籍跋文》《恒言广证》《简庄缀文》《简庄文钞》《简庄文钞续编》以及《简庄诗钞》等。事迹见《清史稿》卷四四、《清史列传》卷六九。

为方便外出各地访购图书，陈鱣专门备有一条舱门上题名"津逮舫"的小船。他同黄丕烈、吴骞二位同好挚友时常一起乘"津逮舫"外出访书购书，或在舫上勘正善本，读书论学，游赏山水，吟赋诗词。三好友爱书之心相通。陈鱣《简庄文钞续编·钱塘遗事跋》曾记三位挚友在"津逮舫"上切磋善本《钱塘遗事》的旧事："《钱塘遗事》，宋遗民刘一清撰，十卷，世无刻本。是书从文渊阁抄出，犹是足本。吴骞出旧抄本见示，曾经吴中吴伊仲手校者，颇为精详。遂借至'津逮舫'中勘正，并录明经(吴骞)跋语。时方秋半，爽气迎人，适偕明经游杭，连舟共泊，对酌论文连日。登山临水，闹市访旧，殊多乐事。一夕称步玩月，坐横河桥，共读《钱塘遗事》，娓娓忘倦。明经复诵岳翁《玉楮集》诗数首，不禁感慨系之。"

陈氏"向山阁"藏书的最重要特色，多为宋元刊本及罕见之本。他曾以高价竞购得《影宋本周易集解》。嘉庆十四年(1809年)，陈鳣从吴中书商手里购得一部《淳祐临安志》六卷，此书陈振孙《直斋书录解题》、马端临《文献通考·经籍考》及《宋史·艺文志》等宋元人书目均见著录，非常宝贵。此前，宋人撰有三种临安志，即《咸淳临安志》九十一卷、《乾道临安志》三卷和《淳祐临安志》六卷，前两种均为陈鳣的"向山阁"先后购藏。其中《乾道临安志》是卢文弨转录自吴氏，卢氏书散后为陈氏"向山阁"收藏。直到嘉庆十四年他谢世的前八年，才从吴中书商手里购得《淳祐临安志》。后来，号称"临安志百卷人家"的吴骞"拜经楼"所藏《淳祐临安志》和黄丕烈"士礼居"所藏此书，均录自陈氏"向山阁"藏本。当其喜获此书时实在是喜从天降，格外兴奋，一时不能自已，于是诗兴大发：

输钱吴市得书夸，道是西施入馆娃。
宋室江山存梗概，江乡风物见繁华。
关心志乘亡全帙，屈指收藏又一家。
况有会稽泰兴本，赏奇差足慰生涯。

吴骞和诗：

凤舞龙飞讵足夸，钱塘遗事失官娃。
天教南渡支残局，人想东京续梦华。
朱鸟歌成空有泪，冬青种后已无家。

与君鼎足藏三志，天水犹悬碧海涯。

黄丕烈也有诗和曰：

甄别奇书却自夸，秦娥未许混吴娃。

阙疑向已无年号，征显今还识物华。

半壁河山留六卷，累朝兴废得三家。

东南进取忘前鉴，空使宗臣泣海涯。

陈、吴、黄三氏因意外获藏寻觅已久的珍籍而显现的兴奋忘我的情致，跃然诗中，绝非一般自诩文化人的读书人或村夫俗子所能感悟到的。

陈氏爱书成癖，其藏书印除"仲鱼过目""仲鱼手校""陈鳣考藏""鳣读""简庄艺文"等外，还刻自己的图像印于书上作为印记，别具一格。《书林清话·藏书家印记之语》谓"得此书，费辛苦。后之人，其鉴我"印记系缘自"宋刻钞配《咸淳临安志》"，或当系因后获《淳祐临安志》而来，亦可能曾加印于多种藏书。惜未得亲见其藏书，仅作揣测而已。

吴衡照《海昌诗淑》载，陈鳣殁后没几年，后人不以书为贵，则向书商廉价卖书，衡照尚见一书商购去的书上"题识宛然，图记犹昔，精钞精刻，以其族行"。《海昌备志》载："仲鱼既殁，遗书散佚，相国（按：指阮元）为刊《续唐书》于粤东。"管庭芬《经籍跋文书后》中亦载："鳣以嘉庆二十二年下世，手校手著，尽为苕贾所得。"就这样，陈鳣为之倾尽一生心血财力的藏书，仅几年即悉数散尽。其流向，据《东湖丛记》记载："吾乡陈仲鱼征君向山阁藏书，大半归马二槎上舍。"据知，马二槎，名马瀛，是陈氏的同乡，亦系浙江海宁人，拥有"吟香山馆"和"汉晋斋书室"藏书楼，也是一位著名藏书家。那么，马氏身后其藏书呢？据说连同购藏"向山阁"藏书在内和原藏的总计多达百篋珍善典籍，悉归其孙。光绪年间，其孙流寓山东济南，藏书乃开始零星散出。

噫乎！一代又一代可敬可爱的"书痴"先贤。重温200年前陈氏"得此书，费辛苦。后之人，其鉴我"印记，自是令人神伤，"不禁感慨系之"。"坐拥书城"写至此，不觉亦破生感触。出于喜爱和学术研究之需要，余数十年来亦集藏书籍数万册，占据着有限的居住空间，自得其乐。如今年过六秩，身后这一堆爱物命运又该如何呢？古今多少伤心事，大都无奈。既然不理会身后名，谁又顾得了身后事呢？还是顺其自然吧。藏书、著书已经为余带来了乐趣和满足，足矣。该购藏还是要继续购藏，谁让人痴迷此道呢？

读书之于养生疗疾

清吴云篆刻"无事此静坐，一日抵二日。若活七十年，便是百四十"

　　曾任苏州知府的清末金石学家吴云有方篆刻印文，据说是苏轼的一首《养生诗》，亦即明都穆《南濠诗话》所载："东坡诗云：'无事此静坐，一日如两日。若活七十年，便是百四十。'"清代金石学家、书法家张廷济的《清仪阁杂咏·黄椒升藏周公瑕紫檀椅》亦载此诗并有发挥："周公瑕有紫檀椅，其椅背之板有四句云：'无事此静坐，一日如两日。若活七十年，便是百四十。戊辰冬日周天球书。'天球，公瑕名也。公瑕生明正德甲戌，卒于万历乙未，年八十有二。此戊辰为隆庆三年，时年五十有五。嘉庆戊辰闰五月，张叔未咏此器云：'止园当日此静坐，屈指于今五戊辰。剩有句题坡老好，恰宜案共墨林珍。香炉茗碗长吟膝，清簟疏帘自在身。一活未徒百四十，大椿还有八千春。'盖椅为海盐黄椒升都事锡蕃所藏，因乞叔未书之，复刻于上，并钤古鉴斋印。"徐珂《清稗类钞·鉴赏类》所辑与此相同，当本于此。

实际上，此系苏轼《司命宫杨道士息轩》诗的开头四句，全诗为："无事此静坐，一日似两日。若活七十年，便是百四十。黄金几时成，白发日夜出。开眼三千秋，速如驹过隙。是故东坡老，贵汝一念息。时来登此轩，目送过海席。家山归未能，题诗寄屋壁。"诗多禅味，故宋释惠洪《冷斋夜话》卷一亦曾津津乐道。后来，相传由明代的徐文长戏改此诗前四句为："无事此游戏，一日当三日。若活七十年，便是二百一。"再后来，经胡适的进一步戏改，就更像一首打油诗了："不做无益事，一日当三日。人活五十岁，我活百五十。"

予反复吟诵是诗之余，不觉突然想到，这也可视为一首读书诗，或说是读书养生诗。读书之于养生疗疾，曾是历代读书人津津乐道的话题。

不是吗？"书犹药也，善读之可以医愚。"尽管遍检《说苑》《新序》乃至《全汉文》等亦不得见其出处，然而人们仍然相传是出自汉代刘向之口的名言并竞相引用。至于以读书为养生疗疾妙方者，历来颇多言说。例如清末名臣李鸿章在致其胞兄李瀚章的家书中说："体气多病，得名人文集静心读之，亦自足以养病。"道理何在？即或明代太医院医官龚廷贤《寿世保元》所言："诗书可以悦身心，可以怡性情，可以延年。"

还有"诗疗"之说，甚至附会为唐代诗人杜甫的事迹。南宋胡仔在《苕溪渔隐丛话》后集卷七和宋严有翼《艺苑雌黄》二三《杜诗治疟之妄》均载：

> 世传杜诗能除疟，此未必然。盖其辞意典雅，读之者脱然不觉沉疴之去体也。而好事者乃曰："郑广文妻病疟，子美令取予'落月满屋梁，犹疑照颜色'一联诵之，不已；又令取'虬髯似太宗，色映塞外青'一联诵之，不已；又令取'子璋髑髅血模糊，手提掷还崔大夫'一联诵之，则无不愈矣。"此殊

可笑！借使疟鬼诚知杜诗之佳，亦贤鬼也；岂复屑屑求食于呕吐之间为哉？观子美有"三年犹疟疾，一鬼不销亡。隔日搜脂髓，增寒抱雪霜。徒然潜隙地，有脑屡鲜妆。"则是疾也，杜陵正自不免。

据认为，南宋诗人陆游的一首绝句《山村经行因施药之三》亦可为证："儿扶一老候溪边，来告头风久未痊。不用更求芎芷辈，吾诗读罢自醒然。"那位老叟的"头风"是否因读其诗而愈，不得而知。但所盛传其名句"读书有味身忘老""病需书卷作良医"，倒是这位一生坎坷、终身与书为伴而享年85岁的爱国诗人的情趣所在和实践总结。

其中，胡仔所言"盖其辞意典雅，读之者脱然不觉沉疴去体也"，若仅仅是富有浪漫情怀的诗人墨客如此言说也就罢了，但医家亦持此说，当不无道理。

专心致志静心读书有益身心，不失为一种有益的养生之法。话说回来，若每日静读一卷书，"一日如两日。若活七十年，便是百四十"，日积月累，那该是多少书啊！再以徐文长、胡适的算法，又该是多少书啊！读书长寿，长寿读书，书海无涯，既矢志作"书蠹"，则无须"回头是岸"。还是陆游《灯下读书戏作》所云："吾生如蠹鱼，亦复类熠燿。一生守断简，微火寒自照。区区心所乐，那顾世间笑。闭门谢俗子，与汝不同调。" 清乾隆年间进士顾光旭有联语云："万事莫如为善乐，百花怎比读书香。"亦不失为"书蠹"写照。

印主吴云（1811—1883），字少甫，号平斋，晚号退楼。安徽歙县人，一作归安（今浙江湖州）人，官至苏州知府。吴云书法险绝，师法颜真卿。平生好古，喜精鉴赏，酷嗜金石书画。著作颇丰，有《二百兰亭斋金石记》《两罍轩彝器图释》《虢季子白盘铭考》《古官私印考》《汉建安弩机考》《温虞恭公碑考》《华山碑考》《焦山志》等，以及诗文尺牍题跋若干卷。曾闻位于苏州古城中心庆元坊，原为宋代词人吴应之红楼阁故址的听枫园，为吴云的私家花园，园中亭馆雅洁，池石清幽，园中左图右史，钟鼎罗列，被誉为吴中著名的"书斋庭园"。据传，俞樾曾以听枫园之"精"与自居曲园之"微"相评量。书画家吴昌硕早年与园主交谊甚厚，曾应聘入园中授童，得以观摩园中所藏书画金石，艺事大进。遗憾的是，前两年深秋游苏州时，来去匆匆，未得一饱眼福。如今想来，吴云以东坡此诗入印，其寓意是否亦如吾意兼而有之呢？与养生保健同理，若论读书功夫，除需求与方法之外，则在于持之以恒的日积月累。

杂议"床上书连屋"

明末清初程邃篆刻"床上书连屋，阶前树拂云"

"脉望"与"书连屋"

若说是"床上书连屋"，那就无疑是一位"书虫"。"书虫，是俗称，雅谓'脉望'。"唐段成式《酉阳杂俎》续集卷二"支诺皋"中引道家经典《仙经》说："蠹鱼三食神仙字，则化为此物，名曰脉望。夜以规映当天中星，星使立降，可求还丹。取此水和而服之，即时换骨上宾。"简言之，蠹鱼吃掉了书页里的精华，仙化成为"脉望"。脉望人生，乃学无止境之人生。明代谢肇淛《五杂俎·人部三》："富贵之家，朱门空锁，榻笥凝尘，脉望果腹。"所言正是。

"脉望"若要吃得饱、吃个够、吃得好，那就只有"坐拥百城"了。"坐拥百城"之说，似可追溯到谥号"贞静处士"的李谧。《魏书·逸士传·李谧》云："每曰：'丈夫拥书万卷，何假南面百城？'遂绝迹下帷，杜门却扫，弃产营书，手自删削，卷无重复者四千有余矣。"意思是尊贵富有莫若"拥书万卷"，于是后人则以"坐拥百城"比喻藏书丰富和酷嗜读书的志趣，逐渐演化成了如今所常说的"坐拥书城"。如明末清初书画家、文学家归庄《感怀》诗云："捉鼻东山关气运，拥书南面足经纶。"又如清代大儒顾炎武："于四月十日仍返华下，茂林间馆，起看仙掌，坐拥百城，足以忘暑。"（《蒋山佣残稿》卷一《与熊耐荼书》）辛亥革命后曾任孙中山大元帅府松江军政分府参谋长、上海卫戍司令、国民政府秘书的沈砺，在朱泾小泖港畔有一个名为"帆影楼"的读书处，其亦有诗云："黄泥亭子白茆堂，拥书百城南面王。"（《年来所志百不遂而书籍藏日富》诗之二）再如曲家大师吴梅先生的直传弟子孙为霆的套曲也曾吟唱道："喜幽栖得近神仙境，镇日里拥书城。"（《解三酲·病起小饮忆曩日白门广陵之欢渺如隔世赋此自遣》套曲）等。看来，"坐拥百城"几乎是古往今来所有读书人共同的渴望心曲。

显然，若再进而追求，就是"床上书连屋"了。

"床上书连屋"本事

考之"床上书连屋"，语出杜甫《陪郑广文游何将军山林十首》的第九首。诗云：

　　床上书连屋，阶前树拂云。将军不好武，稚子总能文。
　　醒酒微风入，听诗静夜分。绨衣挂萝薜，凉月白纷纷。

"床上书连屋"，若依《南史·萧恭列传》"仰眠床上，看屋梁而著书"，以及《梁书·南平元襄王伟传》"下官历观世人，多有不好欢乐，乃仰眠床上，看屋梁而著书。千秋万岁，谁传此者"之说训释此语，显然是写实性地记述主人室内书籍甚多之状。

此组诗作于唐天宝十二载（753年），是年杜甫41岁。诗题《陪郑广文游何将军山林十首》。组诗之六写道："风磴吹阴雪，云门吼瀑泉。酒醒思卧簟，衣冷欲装绵。野老来看客，河鱼不取钱。只疑淳朴处，自有一山川。"摹状山林高寒而美其淳朴，即如明代王嗣奭所析："时当夏月，游人畏暑，又有风磴之雪，云门之泉，岂不大奇。"（《杜臆》卷一）也就是说，是在这年的夏日，杜甫"陪郑广文游何将军山林"。在主人的房间见到了"床上书连屋"的情景。

"名园依绿水，野竹上青霄"的"何将军山林"，据《通志》所载："少陵原，乃樊川北原，自司马村起，至何将军山林而尽，其高三百尺，在杜城之东，韦曲之西，俗呼为塔陂。"可推知其具体方位所在，即今西安南约13公里的长安区何家营村，古村名依旧。事实上，从杜诗可见，"诗圣"杜甫至少曾两度游何将军山林。对此，有其"陪郑广文游何将军山林"的次年，亦即天宝十三载（754年）春《重过何氏五首》为证。其前两首写道：

    问讯东桥竹，将军有报书。倒衣还命驾，高枕乃吾庐。
    花妥莺捎蝶，溪喧獭趁鱼。重来休沐地，真作野人居。

    山雨尊仍在，沙沉榻未移。犬迎曾宿客，鸦护落巢儿。
    云薄翠微寺，天清皇子陂。向来幽兴极，步屣过东篱。

前后两组15首诗，充分展现了"诗圣"杜甫对"何将军山林"园林的喜爱以及与园林主人何将军的深厚交谊。

那么，"郑广文""何将军"又是何许人也？

"郑广文"即唐玄宗时曾任著作郎、授广文馆博士的郑虔，河南荥阳

（今河南荥阳）人，盛唐著名文学家、诗人、书画家，被唐玄宗称为"郑虔三绝"，《新唐书》《唐摭言》《唐才子传》均有其传，然《全唐诗》仅存其诗一首。而且，郑氏还是一位学富五车，精通经史，通晓天文、地理、博物、兵法、医药近乎百科全书式的一代通儒。杜甫盛赞这位挚交好友"荥阳冠众儒""文传天下口"，有《郑驸马池台喜遇郑广文同饮》等诗为证。

至于"何将军"，或认为即有唐一代叱咤风云的猛将何昌期。何昌期，字伯唐（一作伯泰），号阳严（一作阳山），阳山铜台人（今湖南阳山）（一说连州人）。其祖父何言、父亲何徽均为唐朝广东云浮镇将。相传，出身将门的何昌期自幼就力大无比，16岁双手制服大水牛，是个颇具传奇色彩的人物。天宝十四载(755年)入伍郭子仪统帅的朔方军，在平息"安史之乱"时，武艺超群的何昌期曾连克强敌，勇冠三军，被誉称"何十万"，意思是一人可挡十万大军，被朝廷晋升为千牛卫上将军，封宁国伯。唐贞元元年(785年)告老还乡，贞元末去世，葬于故里阳山七拱镇。何氏虽然身为武将，却颇具音乐修养。当年在西安何家营村驻军以及晚年偃武修文时，即组织鼓乐社演奏自娱，"长安何家营鼓乐"在当地广为流传至今，不仅已经列入了国家级非物质文化遗产名录，而且还选入了《人类非物质文化遗产代表作名录》，被国际音乐界、史学界誉为"中国古代音乐活化石""活在地面上的兵马俑"。从杜甫两次来游的时间上看，何将军尚未卸职，但已如陶渊明所称羡的羲皇上人似的抛甲卧枪、终日迷恋山林的野趣幽意。但是，杜甫于天宝十二载（753年）"陪郑广文游何将军山林"以及次年春重游旧地之际，通常说"天宝十四载(755年)应征入伍"的何昌期尚未从军，更未当上将军，亦不当有其驻兵的"何家营"以及将此地修建为山林别墅"何将军山林"。或是何昌期位卑属于小人物，正史不见生平事迹记载，难免出现时间上的误传误记。且作为《陪郑广文游何将军山林十首》诗本的参考资料。究竟如何？尚有待专门考证。

"床上书连屋"印主故事

历史上,曾有多位书画艺术家、藏书家使用过"床上书连屋"这句诗。如明代书法大家文徵明长子文彭、清代篆刻大家程邃和俞庭槐,都曾将"床上书连屋"诗句入印。甚至,清代著名藏书家胡凤丹还直接以此命名自己的藏书处(张涌泉《出版家胡凤丹传略》,《浙江学刊》1988年第1期)。

胡凤丹(1823—1889),字月樵,浙江永康人,清代著名的藏书家。胡氏为藏书世家,其父即藏书数万卷。凤丹亦性好读书、藏书,"古本有善者必倾囊购之。缥湘盈室,手自校雠无倦容",一生搜求图书极富。曾在武昌城东黄家巷购置一座庭园,名为"紫藤仙馆",内有旧额"床上书连屋"的藏书室一楹,乃其藏书之所,"萃二十余年所积之书,藏奏其中,庶几名副其实矣"。胡凤丹曾纂辑《金华丛书》《唐四家诗集》,著《退补斋文库》《退补斋诗存》。

明末清初藏书家程邃径将《陪郑广文游何将军山林十首》第九首的前两句诗"床上书连屋,阶前树拂云"入印,作为大篆朱文藏书闲章印文。印文的十个字通过错位、笔画增删和字形变化等艺术处理,方寸之中彰显着清雅高古、超凡脱俗的意境,别开生面,令人回味无穷,被后人视为清初别开生面的徽派风格经典作品。程邃(1602—1691),字穆倩、朽民,号垢区、垢道人、江东布衣等,安徽歙县人,明代诸生。明末居南京,明亡后移居扬州,诗、书、画、印皆精,并擅长考证金石、鉴别铜玉器物和富于收藏。作为一代印学宗匠,其艺术水平远超明代的文彭、何震,当时梁清标、周亮工等名流用印多出自程氏之手。然其印谱已经失传,仅可从其乡人程芝华《古蜗篆居印述》中摹刻其59方印作略窥其风格面目。

清代金石学家俞庭槐，也有方自刻的藏书印"床上书连屋"。俞庭槐（1716—1780?），字拱三，号巩山，清浙江嘉兴人。据汪启淑《续印人传·俞庭槐传》等记载，庭槐秉性孤高耿介。幼年博读古书，作文自出机杼。性嗜六书，见古文、钟鼎、石鼓等，必手摹心追。究心星命象数之学。工篆刻，白文多宗程穆倩，朱文喜法朱修能，有平稳疏朗之趣；仿刻印章，使人难辨真赝。居常笔耕舌织，虽年逾八十，犹授徒讲贯而不少倦。朱文椭圆印"床上书连屋"，刀法纯熟，苍劲流畅；章法平正匀落，字形离合错落有致，疏密得体，真个是颇显"平稳疏朗之趣"。有《巩山印略》传世。

　　清代虞山印派的开山鼻祖之一林皋，也曾刻有一枚"床上书连屋"闲章。林皋（1657—?），字鹤田、鹤颠，福建莆田人，侨居江苏常熟，有《宝砚斋印谱》行世。其篆刻刀法稳健、挺拔遒劲、不事修饰；喜用小篆、缪篆入印，章法简繁相参、疏密得当、古雅清丽，为时人所重。据认为，其后之赵古泥、来楚生、邓散木及日本的小林斗庵、师村妙石等名家，多受其风格影响。

　　杜诗此句影响深远，向为历代文人喜爱。

用杜句易，选杜诗难

　　李白年长杜甫11岁，杜甫比李白晚卒8年，共同在世50年，是同时代的两颗耀眼巨星，分别被誉为"诗仙""诗圣"。虽说这对"仙圣"生逢同时，一生还见过两三次面，但由于各自的人生际遇不一样，李白成名比杜甫早。"双曜"初次见面时李白已名满天下，而杜甫则是刚刚落第尚处于人生失意之际。杜甫敬佩诗友李白，有诗为证："白也诗无敌，飘然思不群。清新庾开府，俊逸鲍参军。""昔年有狂客，号尔谪仙人。笔落惊风雨，诗成泣鬼神。声名从此大，汩没一朝伸。文彩承殊渥，流传必绝伦。"半个世纪后，被明人推为唐宋"八大家"之首的韩愈在《调张籍》诗中写道："李杜文章在，光焰万丈长。不知群儿愚，那用故谤伤。蚍蜉撼大树，可笑不自量。伊我生其后，举颈遥相望。"这说明，在当时，就已经出现了关于评论这对"仙圣"孰高孰低说法，持续至今日的"抑李扬杜"与"抑杜扬李"的争议，从他们身后没多久即已开始了。尽管在现存李白的文字和相关文献中，几乎见不到"诗仙"对"诗圣"像"诗圣"对"诗仙"那样充满敬意的热情评价，后人的议论也是仁者见仁、智者见智，但"仙圣""双曜"之誉还是世人比较公允的评价；"光焰万丈长""举颈遥相望"，可视为古往今来大多数人的共识。

据认为，杜甫一生写了1400多首诗，其中很多是传诵千古的名篇，如著名的"三吏""三别"。至于早已有如成语典故一样的名句，难以胜数。即或今日，莫要问国人有几位不知杜甫？像"会当凌绝顶，一览众山小"（《望岳》），"国破山河在，城春草木深""烽火连三月，家书抵万金"（《春望》），"朱门酒肉臭，路有冻死骨"（《自京赴奉先县咏怀》），"尔曹身与名俱灭，不废江河万古流"（《戏为六绝句》之一），"出师未捷身先死，长使英雄泪满襟"（《蜀相》），"新松恨不高千尺，恶竹应须斩万竿"（《将赴成都草堂途中有作先寄严郑公五首》），"无边落木萧萧下，不尽长江滚滚来"（《登高》），"露从今夜白，月是故乡明"（《月夜忆舍弟》），"白日放歌须纵酒，青春作伴好还乡"（《闻官军收河南河北》），等等，实在不胜枚举。可以说，几乎谁都能吟诵几首杜诗，妇孺皆知，深入人心。

查阅冯至编选的《杜甫诗选》（人民文学出版社1956年）、肖涤非的《杜甫诗选注》（人民文学出版社1979年）和邓魁英、聂石樵选注的《杜甫选集》（上海古籍出版社1983年），均不见收录《陪郑广文游何将军山林十首》。何故？私臆此诗在"诗圣"杜甫一生所作的上千首诗中或许不甚重要。明末学者王嗣奭《杜臆》卷一《陪郑广文游何将军山林十首》题下有道：

作诗易，选诗难，而选杜尤难。昔人选诗而不及杜，未为无见也。即如"何氏十首"（按：指本诗），须全看则老杜所云"沉郁顿挫"（按：《新唐书·文艺传上·杜甫》："若令执先臣故事，拔泥涂之久辱，则臣之述作虽不足鼓吹《六经》，至沉郁顿挫，随时敏给，扬雄、枚皋可企及也。"）者始尽其妙。赵子常选七首（按：系指元赵汸注，清查弘道、金集补注《赵子常选杜律五言注》三卷），所汰者"傍舍""棘树""忆过"三首，固常人之见，然顿挫之气索然矣。又可笑者，收六首入宴游，而"戎王"一首谓刺禄山而作，别自为类此小儿强解事者，安有方游赏园林而忽及胡奴者耶？至曹能始选六首（按：当指所编选的《石仓十二代诗选》，《四库全书总目提要》题为《石仓历代诗选》），汰"棘树"而收"忆过"，则与何氏山林毫无干涉矣。钟伯敬止收"风磴"，岂余九首俱不及耶？既云选，定不能全收，则如《品汇》（按：当指明高棅编《唐诗品汇》）收始末与"床上"（按：即本篇所议《陪郑广文游何将军山林十首》之九首句二字）三首，犹不致相左耳。杜诗难看，故选者多不当人意。偶笔于此。余初欲选，已为作序，而至今不敢也。

若此，则大体释然矣。

关于"书连屋"与"半床书"之"床"

议及"床上书连屋"，就会油然联想到著名联语"万里风云三尺剑，一庭花草半床书"。前几年，游江西吉安渼陂村，这座堪为"红色村庄"的古老村落，较完好地保留着20多座古祠堂、古宗庙、古书院旧址建筑和300多座明清民宅。有座屏风雕花、梁柱彩绘的普通民宅，其天井壁上，绘着一只鹤，两边配一副楹联:"万里风云三尺剑,一庭花草半床书",横批"名教乐地"。村里人介绍说,20世纪30年代,毛泽东曾先后在这栋房子里住过半年之久,非常喜欢这副联,直至把这副联抄进了中南海的书房。还说,毛泽东在中南海卧室的床上常常摆着半床书,这副联不失为毛泽东文韬武略的人生写照。

在汉语里,"三尺"乃剑之别名。如《汉书·高帝纪》"吾以布衣提三尺,取天下"。据认为,此联出自明代东林党人左光斗书斋的联句"风云三尺剑,花鸟一床书"。汉语的丰富多彩,往往还表现为一字多义。

许慎《说文解字》释"床"为"安身之坐",但并未细别是坐具还是寝具。有文章提出,证之杜甫《陪郑广文游何将军山林十首》之九诗中"床上书连屋"之"床"当指"书床",这样"则其义更明"(汪少华《从生活习俗和语言的社会性再论唐诗的"床"》,《中国语言学》第二辑,山东教育出版社2010年)。其列举的旁证如:

"摊书解满床"(《又示宗武》)、"风床展书卷"(《水阁朝霁奉简严云安》)、"散乱床上书"(《溪涨》)、"身外满床书"(《汉州王大录事宅作》),这几例"床",皆置放书卷之几案也。又《驱竖子摘苍耳》诗云:"登床半生熟,下箸还小益。"登床,谓摆放于食桌上也。其他诗文中的例子,如:庾信《寒园即目诗》:"游仙半壁画,隐士一床书。"卢照邻《长安古意》:"寂寂寥寥扬子居,年年岁岁一床书。"王建《宫词》:"延英引对碧衣郎,江砚宣毫各别床。"钱起《幽居春暮书怀》:"仙篆满床闲不厌,阴符在箧老羞看。"张乔《题友人草堂》:"三亩水边竹,一床琴畔书。"《北史·赤土国传》:(大业三年屯田主事常骏等请使赤土,其王请骏等入宴)"前设两床,床上并设草叶盘,方一丈五尺,上有黄、白、紫、赤四色之饼,牛、羊、鱼、鳖、猪、蝫蝐之肉百余品。延骏升床,从者于地席。"《唐书·李吉辅传》:"初,政事堂会食,有巨床,相传徙者宰相辄罢。"以上各例之"床",或置放书卷，或置放笔砚，或置放食物，亦皆几案也。

还好，依此两说，"书连屋"与"半床书"之"床"，无论作几案还是作寝具解，只要不作坐具解，似乎还都说得通。不过，杜甫《陪郑广文游何将军山林十首》之九诗中"床上书连屋"之"床"，似乎仍取《南史》和《梁书》"仰眠床上，看屋梁而著书"之"床"的眠床寝具之义更为切题。因为，"在中国古代，'床'并非如今日仅是为睡眠或卧床而专门陈放于卧室的卧具，它是朝会、办公、宴饮乃至睡眠无不使用的坐卧具"（汪少华《从生活习俗和语言的社会性再论唐诗的"床"》，《中国语言学》第二辑，山东教育出版社2010年）。毕竟，中国古代的"床"是一个多义词，只不过需要切合具体文本而训释之。清代"扬州八怪"之一、著名书画家汪士慎在《岁暮自嘲》诗之二写道："何幸栖迟客，常年梦转清。一椽深巷住，半榻乱书横。欲与寒梅友，还同野鹤行。自怜闲处老，安用占浮名。"其种"半榻乱书横"之"榻"，显然是作为寝具的"床"，或可戏言之"半床乱书横"。

诗说杂议"隐士一床书"

清杨汝谐篆刻"隐士一床书"

隐士之"隐",非但是一种行为、一种生活方式,也是一种境界、一种情趣。清代著名医家徐灵胎的《洄溪道情》有一首《隐居乐》,诗云:

避却红尘,觅个幽栖。绳床铺草,土壁涂泥,瓦盆贮酒,石瓮藏斋,笋皮为帽,荷叶裁衣。盛来麦饭滑,煮得菜根肥。想人生富贵繁华,谁能保得长相系。就每日里煮凤烹龙,也该晓得穷滋味。莫笑我矫情饰智,做得奇。我实怕周旋世故劳心血,并非是不合时宜满肚皮。感造物,无私意,一样遣清风入户,一样教朗月侵帷,兴浓时鸣鸡报晓书还读,心灰处红日临窗梦未回。有个顽童,嘱咐你牢记:倘有客寻踪迹,只说先生采药去,去到西山西复西。

可见,这位号称"洄溪道人",身为多才多艺的名医也"玩"隐居把戏,是其喜欢、崇尚隐士的情趣和境界。清杨汝谐的篆刻诗句"隐士一床书",亦体现着隐士的情趣和境界。

先说"一床书"

唐诗人李白《静夜思》"床前明月光"之"床"所指,曾引起多番质疑。"井床"说、"卧榻"说,还有"几案"说,众说纷纭。北周庾信《小园赋》"落叶半床,狂花满屋"之"半床",显然是指落叶不满一床。其"床",卧具乎?几案乎?无确指,不好乱猜。不过,其《寒园即目诗》"寒园星散居,摇落小村墟。游仙半壁画,隐士一床书"之"床",当与杜甫《陪郑广文游何将军山林十首》第九首诗所云"床上书连屋,阶前树拂云"之"床"相同,无须猜,显指桌案,亦即今所谓之"书桌"。

类似的,还有卢照邻《长安古意》"寂寂寥寥扬子居,年年岁岁一床书"、王建《宫词》"延英引对碧衣郎,江砚宣毫各别床"、张乔《题友人草堂》"三亩水边竹,一床琴畔书",各诗中"床",均谓桌案置书。此外,钱起《幽居春暮书怀》"仙箓满床闲不厌,阴符在箧老羞看"、杨万里《谢福建茶使吴德华送东坡新集》"他家都有侬家无,却有四壁环相如;此外更有一床书,不堪自饱蠹鱼故"之"床",皆然。

再说"半床书"

议过"一床书",再说"半床书"。

文人天性自爱书。恕我未作专门统计,感觉上古来诗词中言及"半床书"者似乎比"一床书"要多。且看:

盛世嗟沉伏，中情快未舒。途穷悲阮籍，病久忆相如。
无客空尘榻，闲门闭草庐。不胜岑绝处，高卧半床书。

——唐·牟融《有感》

自是山林僻，何心与世疏。土铛三合米，竹牖半床书。
月树迷归鹤，沙泉数过鱼。无人觅巢许，不必更深居。

——宋·蒲寿宬《赠隐者》

溪山深处野人居，小小帘栊草阁虚。
洒面松风吹梦醒，凌霄花落半床书。

——明·偶桓《为沈趣庵题画》

随身瓢与笠，此外更无余。懒补破衣著，爱寻贫寺居。
香厨三顿粥，石榻半床书。日见禅窗下，甘蕉日渐疏。

——清·徐延寿《法海寺访空上人》

骑马长逢，扫门争去，溪山何限，近来翻是茅檐少。故人归也，那用探幽，绿莎翠竹，旧村都好。我宅鸥边，君家荻里，夹水柴扉照。　半床书，几车曲，尽可鬓丝白了。吟啸。倡酬倦矣，枉教文似，河海韩欧，不信诗穷，瘦寒郊岛。从此只合南华自写，随意樵柯渔钓。万事尊前，浮云苍狗，一枕游仙杳。但休种，武陵花，怕惹问津船到。

——清·李良年《笛家·送荇溪归里》

徐延寿《法海寺访空上人》诗中之"石榻"显为卧具，"半床书"则乃"半个桌案的书"。当然，一如"如厕读书"，在作为卧具的床上置书"卧读"，取读两便，也是古来的一种读书习惯。清阮恩滦诗"娇莺啼上绿杨枝，闲傍妆台瘦不支。半榻诗书常乱叠，一楼风雨最相思"（《和竹斋主人》），其卧榻经常"乱叠"着"半榻诗书"即属此类。此之"半榻书"，绝非置于桌案的"半床书"。否则，实在不便于"卧读"。

隐士与书

鲁迅的杂文《隐士》说:"非隐士的心目中的隐士,是声闻不彰,息影山林的人物。但这种人物,世间是不会知道的。一到挂上隐士的招牌,则即使他并不'飞去飞来',也一定难免有些表白,张扬。"不无道理。说来有趣,似乎巧合,前面搜罗、引述的语涉"一床书""半床书"诸诗,题旨意境多多少少大都具有一种归隐或崇尚归隐的"隐士味道"。再看如下各例,亦然。

客情无处着,身事安何如。秀水且停棹,蕺山终结庐。
秋风一杯酒,夜雨半床书。把手蓬莱顶,梅花腊月初。

——宋·葛绍体《寄越中文友》

贪是儒家事,谁贫奉直如。也无一瓢饮,劣有半床书。

——宋·杨万里《故太恭人董氏挽词五首》其二

不得巢湖信,时询渡口居。绕篱河路折,背郭草堂虚。
林静风惊犬,溪暄晚聚渔。主人游未倦,闲杀半床书。

——明·魏之璜《讯程孺文》

两三闲屋临湖岸,青山对人如笑。十里莺花,半床书画,仙吏合居蓬岛。幽栖最好。好问讯林逋,结邻苏小。面面轩窗,水风开掩客寻到。波光一碧万顷,看屏前镜里,时度云鸟。红压阑干,绿侵帘幌,地近马塍春早。闲吟未了。听兰桨歌来,玉骢嘶杳。陶洗诗襟,乱丝丛笛闹。

——清·吴藻《台城路》题注:"题近湖山馆图"

一枝秃笔半床书,几树梅花伴竹庐。养性未应亲市井,托身何必远樵渔。
闲看丹嶂尘心净,久读黄庭世念疏。又是一番新雨过,药苗阶下带烟锄。

——清·王茂森《自咏》

如此而言，"隐士"都与"一床书""半床书"相关联，"隐士一床书"则见怪不怪矣。

当然，并非谁人都可以随便做个隐士，做隐士是有条件的。"隐士"首先得是"士"，然后才谈得上"隐"。就是说，至少其一定要具备"士"的身份；"士"而"隐"，方为"隐士"。古代泛谓官员、贵族、读书人和今日所谓的知识分子为"士"，是有身份和一定地位者的称谓。这样的人退隐方为"隐士"。一介平民，或是贩夫走卒，既非"士"，亦无所谓"隐"，原本就与"隐士"不沾边。读书、藏书，一向是文人士子的喜好和雅事，是"士"之本分和本色。或言之，书是士子所赖以生存的食粮和"学而优则仕"的生产资料，读书乃其本能、要务，也是"士"之标志。如此论来，"隐士"之与"一床书""半床书"相关联，就不难理解了。"寂寂寥寥扬子居，年年岁岁一床书。"（卢照邻《长安古意》）至少，隐士的隐居生活需要以诗书自娱。

"隐不易"："半床书"价不菲

唐张固《幽闲鼓吹》："白尚书应举，初至京，以诗谒著作顾况，顾睹姓名，熟视白公曰：'米价方贵，居亦弗易。'"五代王定宝《唐摭言》卷七亦载："白乐天（白居易）初举，名未振，以歌诗谒顾况。况谑之曰：'长安百物贵，居大不易。'及读至《赋得原上草送友人》诗曰'野火烧不尽，春风吹又生'，况叹之曰：'有句如此，居天下有甚难！老夫前言戏之尔。'"宋尤袤《全唐诗话·白居易》："乐天未冠，以文谒顾况，况睹姓名，熟视曰：'长安米贵，居大不易。'"说起来，隐士们要拥有"一床书""半床书"，亦绝非易事。

"半床书"得之不易，主要是古代刻版印制书籍成本较高，因而售价不菲。《后汉书·王充列传》记载，王充"家贫无书，常游洛阳书肆，阅所卖书，一见辄能诵记",说明当时已经有了书肆交易,王充买不起,只好背诵。唐代以前,印刷技术尚不发达,以抄写为书的主要流通手段,书价自然昂贵。据说,清嘉庆年间一个七品知县平均每月八两银子的俸禄,大约可买书30册(参见谢彦卯《中国古代书价研究》,《图书与情报》2003年第3期)。试想,要拥有莫说"一床书",即或"半床书",也是一笔很大的开销。显然,古代书价不菲,欲做拥有"一床书"的隐士,必须有一定的钱财支持和投入,自然也是"居不易"——"隐不易"也。

在《后汉书·逸民列传》里,范晔将隐士分为隐居以求其志、曲避以全其道、静己以镇其躁、去危以图其安、垢俗以动其概、疵物以激其清六种类型。今人蒋星煜则从形成的因素细分为四类八种,即从政治生活来考察,有真正隐士(如巢父)、虚伪的隐士(如伯夷);从经济生活来考察,有在业的隐士(如台佟)、无业的隐士(如朱桃椎);从社会生活来考察,有孤僻的隐士(如林逋)、交游的隐士(如唐僧渊);从精神生活来考察,有养性的隐士(如陈抟)、求知的隐士(如陆龟蒙)。(蒋星煜《中国隐士与中国文化》,中华书局1947年)无论哪种隐士,如何"从隐",事实上都难以超脱于现实之外,同世俗社会生活真正绝缘。社会生活五彩缤纷,大千世界尽在书中,莫道"隐士一床书",即或是"半床书",仍然让所谓"隐士"们始终与现实生活同呼吸共命运,使之保持与时俱进。这是任谁都回避不了的事实,无论其承认与否。

附记:杨汝谐,清江苏华亭人,字端揆、皆言,号柳汀、退谷。善书工画,诗善写情,精通音律;书学米芾、董其昌,寄情篆刻,富于收藏,著有《崇雅堂诗钞》等。

"岂为功名始读书"故实琐议

清徐贞木篆刻 "岂为功名始读书"

"掉书袋"与"故实"

苏州古城西南、太湖之滨有座天平山，山下北宋名臣范仲淹的墓旁有座私家园林叫范长白园，甚是精美。据明代散文家张岱的《陶庵梦忆》卷五《范长白》所记，园主人、祖父同年登第，以出奇丑陋著名。因而，他便想亲往一见。这天，他去做客，果不其然，受到了主人的盛情款待，"开山堂小饮，绮疏藻幕，备极华褥，秘阁请讴，丝竹摇飏，忽出层垣，知为女乐。饮罢，又移席小兰亭，比晚辞去。"这时，主人挽留道："宽坐，请看'少焉'。"张岱不解何谓"少焉"，主人解释说："吾乡有缙绅先生，喜调文袋，以《赤壁赋》有'少焉，月出于东山之上'句，遂字月为'少焉'。顷言'少焉'者，月也。"于是，"固留看月，晚景果妙"。显然，借用苏轼《赤壁赋》之"少焉"（不多时）"断章破句，以代常谈"地代指月亮，未免过于牵强可笑，弄巧成拙，那位"调文袋"者将"文袋"反倒"调"成了笑料。

《陶庵梦忆》所谓"调文袋"，亦即通常所说的"掉书袋"。南唐有一位以"书袋"自称的著名饱学之士彭利用，他无论与谁说话都喜欢满口之乎者也、引经据典。后世则把说话好引经据典、卖弄才学讥讽为"掉书袋"。此即《南唐书·彭利用传》所说："对家人稚子，下逮奴隶，言必据书史，断章破句，以代常谈，俗谓之'掉书袋'。"

其实，有的时候也需要"掉书袋"。不过，未必是要啰里啰唆地引经据典显摆有多大学问，而是想通过讲述一些作者自认为有意义的事实或典故来说清楚要说的事情。顺便说一下，本文标题中的"故实"，正是指鲁迅《〈准风月谈〉前记》中所说的"中国文学史上极有价值的故实"，亦即以往有意义的事实或典故。我觉得，必要时不避"掉书袋"之嫌引经据典陈述"故实"，非但是一种作文手段，或许还能增加一点相关知识的信息含量，增强一点儿阅读趣味。是谓"掉书袋"本应适合需要并有度。是谓"琐议"者也。

话归正传，从篆刻"岂为功名始读书"说起。

明末清初的徐贞木、徐寅父子两代，都是兼工书法、篆刻和诗文的秀水（今浙江嘉兴）名士，尤以取法于汉玉印的粗文细边朱文印为方家称道。叶铭《广印人传》评价徐贞木"篆刻为海内宗仰，出程邃、许容上"。雍正七年（1729年），父子二人的作品曾合辑《观妙斋集印》行世。其中，徐贞木39岁之前"为子介"所刻的一方"岂为功名始读书"，粗文细边朱文印，流传甚广。说起来，其为世人所称道者，非止于印技，印文似乎更为历代文人所颂扬。因而，其中颇多故实，而且颇具励志意义。

那么，笔者也就不避"掉书袋"之嫌，"琐议"其一二。

电影作家李培林笔名"桑弧"的由来

有关"岂为功名始读书"最近的故实，当从当代著名的电影导演兼编剧作家李培林的笔名"桑弧"说起。这个故实，是由其女儿李亦中在怀念文章里说出来的："李培林即父亲本名，他取的艺名桑弧，寓有'当年蓬矢桑弧意，岂为功名始读书'的典故。"（李亦中《当年蓬矢桑弧意，岂为功名始读书——怀念父亲》，《电影新作》2007年第3期）在另一篇怀念文章中，她再次谈到，年少时的她，"少不更事，时常缠着我父亲，让他解答小伙伴问我的一个问题：'为啥你姓李，你爸爸姓桑？'父亲不厌其烦地告诉我，'桑弧'是他的笔名，取自一首古诗'当年蓬矢桑弧意，岂为功名始读书'。可是，都市里缺少'蓬矢'与'桑弧'的实物演示，过了许久，我才明白这个典故中所含有的男儿立志励志的意愿。"（李亦中《当年蓬矢桑弧意——创造新中国电影三项"第一"的宁波籍导演桑弧》，《当代电影》2010年第8期）也就是说，笔名"桑弧"取自"桑弧蓬矢"这个成语典故。李培林从1935年通过周信芳结识了著名导演朱石麟，并在他们的提携下开始尝试电影剧本的创作，自此开始了他终其一生的电影事业。大约6年后（1941年），他陆续完成了电影剧本处女作《灵与肉》以及《洞房花烛夜》《人约黄昏后》等，并开始使用"桑弧"为笔名励志，大获成功。从影近70年里，先后编剧、导演了《洞房花烛夜》《人约黄昏后》《不了情》《子夜》等30多部电影。至于"当年蓬矢桑弧意，岂为功名始读书"出自哪首古诗，其女儿的文章尚未言明。

林则徐《云左山房杂录》录以自勉

"苟利国家生死以，岂因祸福避趋之""海纳百川，有容乃大；壁立千仞，无欲则刚"等，早已是清代爱国名臣林则徐刻入国人心髓的著名励志名言。在其早年的读书札记《云左山房杂录》（原无题名，书名是后人加的）里，手辑许多诸如"崇实行而不事虚名，秉公衷而不持偏见""勿苟且雷同，勿偏执臆见""博闻为馈贫之粮，贯一为拯乱之药"等用以自警自励的格言，其中，也包括"岂为功名始读书"这样明示"以立志为先"信念的警句。

公元前543年至前522年子产主政郑国期间，主张"以宽服民"，但因极力推行赋税改革而遭到佞臣小人激烈的抵制。面对诸如"其父死于路，己为虿尾。以令于国，国将若之何"的诽谤甚至诅咒，他坦然、坚定地表示："何害？苟利社稷，死生以之。且吾闻为善者不改其度，故能有济也。民不可逞，度不可改。《诗》曰：'礼义不愆，何恤于人言。'吾不迁矣。"（《左传·昭公四年》）"苟利社稷，死生以之"，足显其大义凛然、生死置之度外之正气与决心。时过2370多年之后的清道光二十二年（1842年），林则徐因查禁鸦片而遭到激烈反对被革职贬谪边陲伊犁。他直面诬陷迫害不气馁，写下了后世广为传诵的《赴戍登程口占示家人》诗："力微任重久神疲，再竭衰庸定不支。苟利国家生死以，岂因祸福避趋之？谪居正是君恩厚，养拙刚于戍卒宜。戏与山妻谈故事，试吟断送老头皮。"

从早年发愤苦读的"岂为功名始读书"，到"岂因祸福避趋之"，在其理念上可谓一脉相承，后者可视为前者的一个具体解读或践行。

钟令嘉吟之慰勉蒋士铨

晚号"甘荼老人"、著有《柴车倦游集》的清代著名女诗人钟令嘉,是清代著名文学家蒋士铨之母。钟氏20岁时生子士铨,士铨3岁,令嘉便教其识字,稍长即亲自教学诗文。由于家境穷困,蒋父远行谋生,母子二人只好寄食娘家。钟氏为培养士铨成才,课子甚严,冬夜寒冷,她便坐在床上,下半身盖着棉被,让士铨偎坐胸前,母子相互依偎着苦读不懈。钟氏非但是一位有才华的严母,也是一位明理贤德而又豁达的慈母。其间,当士铨初考失利之际,她则以诗句"当年蓬矢桑弧意,岂为功名始读书"相慰勉,并告诫其即或发达了亦应"文采莫骄人,安贫即报亲"。士铨不负母亲期望和苦心,终于考取了功名,官至翰林。当她认为士铨志趣、性格不适合官场拼搏时,乃嘱其告归。蒋士铨果然成为乾嘉时期与袁枚、赵翼并称乾隆三大家的诗人兼著名戏曲家。今人有《蒋士铨赋》概括言之:李调元评其曲,论为"近时第一"。高丽使臣曾以重金求其乐府诗,以夸荣于东国。近代梁启超说他是"中国词曲界之最豪者"。日本青木正儿称其为"中国戏曲史上的殿军"(《上饶日报》2008年9月19日),足见其毕生成就之一斑。钟氏卒后,士铨曾做著名的《鸣机夜课图记》以资纪念。《鸣机夜课图记》痛陈母亲教育之苦,尽抒念母之情,如下两段:

记母教铨时,组绣纺绩之具,毕置左右;膝置书,令铨坐膝下读之。母手任操作,口授句读,咿唔之声,与轧轧相间。儿怠,则少加夏楚,旋复持儿而泣曰:"儿及此不学,我何以见汝父!"至夜分寒甚,母坐于床,拥被覆双足,解衣以胸温儿背,共铨朗诵之;读倦,睡母怀,俄而母摇铨曰:"可以醒矣!"铨张目视母面,泪方纵横落,铨亦泣。少间,复令读;鸡鸣,卧焉。

铨九龄,母授以《礼记》《周易》《毛诗》,皆成诵。暇更录唐宋人诗,教之为吟哦声。母与铨皆弱而多病，铨每病，母即抱铨行一室中，未尝寝；少瘥，辄指壁间诗歌，教儿低吟之以为戏。母有病，铨则坐枕侧不去。母视铨，辄无言而悲，铨亦凄楚依恋之。尝问曰："母有忧乎？"曰："然。""然则何以解忧？"曰："儿能背诵所读书，斯解也。"铨诵声琅琅然，争药鼎沸，母微笑曰："病少差矣。"由是，母有病，铨即持书诵于侧，而病辄能愈。

含辛茹苦之状，跃然纸上，读来感人至深，几百年来广为流传。

"蓬矢桑弧"，语出《礼记·内则》："射人以桑弧蓬矢六，射天地四方。"故实出自古代育儿民俗，当王公贵族家有男子出生时，则由作为夏官司马之属的礼仪官员"射人"，用桑木弓将蓬草箭射向天地四方，祝愿其成人后志向远大、有所作为，亦即《礼记·射义》所云："故男子生，桑弧蓬矢六，以射天地四方，天地四方者，男子之所有事也。"按照当时的习俗，家生男丁则以"蓬矢桑弧"作为祈贺仪式，相沿成习。

金缨《格言联璧》：读书即未成名，究竟人高品雅

《格言联璧》是清代浙江山阴籍学者金缨以其所辑《觉觉录》为底本进一步选录浅近格言而另行刊刻的一个流行选本。全书以儒家思想修养为主要内容，分为学问、存养、持躬、摄生、敦品、处事、接物、齐家、从政、惠吉、悖凶等11类，启迪世人求真、向善、趋美。所选格言大都是结构整齐的骈偶句式的对偶句，读来朗朗上口，易诵易记，而且语言准确朴实极少用典，雅俗共赏而含义明晰深沉，堪谓警世励志的醒世恒言。因而，一经问世便流布颇广。稍晚些时候，一位潮阳铜盂籍学者、藏书家郭辅庭，有感于"惜坊本刊印草率，讹夺滋多，附刻喧宾夺主，传本各异"，于是"就正通人，复加雠勘，端楷书

写，重付精刊"，间或长或短地加注以补录相关格言阐发有感，作为《双百鹿斋丛书》的一种行世，此即我们今日所见的善本《格言联璧》。例如开篇"学问类"第一段"古今来许多世家，无非积德；天地间第一人品，还是读书"。就此，郭辅庭注云：

> 传家久远，总不外"读书积德"四字。若纷纷势利，真如烟花过眼，须臾变灭。古联云："树德承鸿业，传经裕燕贻。"又云："树德箕裘惟孝友，传家彝鼎在诗书。"又云："天庥静迓惟为善，祖泽长延在读书。"又云："欲高门第须为善，要好儿孙必读书。"又云："立品定须成白璧，读书何止到青云。"皆格言也。

对其第二段"读书即未成名，究竟人高品雅；修德不期获报，自然梦稳心安"，郭注仅补录另一习见格言予以阐发，即"不因果报方修德，岂为功名始读书"。二者可谓相辅相成、互为本末、珠联璧合，不失画龙点睛之妙。

李含章《两儿下第》诗

清光绪九年（1883年）出版的彭继先辑童蒙读物《童歌养正》的《李含章夫人慰两儿下第》载："得失由来露电如，老人为尔重踟蹰。……当年蓬矢桑弧意，岂为科名始读书？"

李含章(1744—?)，字兰贞，晋宁县上蒜乡下石美村人，清乾隆年间礼部侍郎、湖北巡抚李因培的长女。李因培幼年即由其父口授"四书"、"五经"、《左传》、《国语》及《庄子》等国学传统典籍，11岁参加童试补博士弟子员，21岁考中举人，28岁考中进士授翰林学士。其子李翊、李翔，孙李浩均为进士。出身书香门第的含章，自幼随父宦游南北，曾与兄李翊得父言传身教，广闻博见。含章嫁为浙江归安叶佩荪继室之后，又随丈夫宦历数省任所，苦读勤写不辍，见识愈广，学识愈博，平生著作诗文结为《繁香草集》，卓然成家，《随园诗话》赞其为"一代闺秀之冠"。含章生子女各三人，皆能诗文，又是一代一门风雅。

《随园诗话·补遗》卷三第二一条，袁枚写道：

> 吾乡多闺秀，而莫盛于叶方伯佩荪家。其前后两夫人、两女公子、一儿妇，皆诗坛飞将也。……继娶李夫人含章，……《两儿下第》云："得失由来露电如，老人为尔重踟蹰。不辞羽铩三年翮，可有光分十乘车。四海几人云得路，诸生多半壑潜鱼。当年蓬矢桑弧意，岂为科名始读书？"见解高超，可与《三百篇》并传矣。

人称"随园先生"的袁枚，天资聪颖，才思敏捷，字"子才"而以"才子"著称于世，以诗和诗评成就尤著，在清代乾嘉诗坛独树一帜。号"随园"而未必"随和"，坚持精神的独立品格，因而则颇多过人思想。"一代闺秀之冠""见解高超，可与《三百篇》并传"，如此这般出自随园老人笔下的盛誉，不可谓不高，然却并不过分。一句"当年蓬矢桑弧意，岂为科名始读书"，更于其诗品、文品之上再彰显出其为妇、为母之贤惠。

随园先生盛赞李含章慰儿下第诗

随园先生有堂弟袁香亭（1730—?），名树，字豆村，乳名阿品，号香亭。亦不失书香家风，有《诸子詹詹录》及《红豆村人诗稿》（收录于《随园全集》）传世。在随园的诗话、小说中，多可见到香亭的身影踪迹与故事。如《子不语·通判妾》文末，随园即直接言明故事的主人公"袁通判者，余之香亭弟也"。《随园诗话》中共有二三十处提及香亭的身世、逸事。

香亭小袁枚14岁，自幼随父亲和叔父生活在广西，15岁时被"迎归故里"，随袁枚居住随园。兄弟初见，香亭吟诗赠堂兄："坐无尼父为师易，家有元方作弟难。"用"难兄难弟"之典将袁枚比作陈纪，袁枚亦赞其弟"香亭弟偶吟，往往如吾意所欲出，不愧吾家阿连也"，可见手足之亲切融洽。在与香亭通信议论教育子弟事情时，其情尤显。如《与弟香亭书》中的两段：

> 夫才不才者本也，考不考者末也。儿果才，则试金陵可，试武林可，即不试亦可。儿果不才，则试金陵不可，试武林不可，必不试废业而后可。为父兄者，不教以读书学文，而徒与他人争闲气，何不揣其本而齐其末哉！……子路曰："君子之仕也，行其义也。"非贪爵禄荣耀也。

> 李鹤峰中丞之女叶夫人慰儿落第诗云："当年蓬矢桑弧意，岂为科名始读书？"大哉言乎！闺阁中有此见解，今之士大夫都应羞死。要知此理不明，虽得科名作高官，必至误国、误民，并误其身而后已。无基而厚墉，虽高必颠，非所以爱之，实所以害之也。然而人所处之境，亦复不同，有不得不求科名者，如我与弟是也。家无立锥，不得科名，则此身衣食无着。陶渊明云："聊欲弦歌，以为三径之资。"非得已也。有可以不求科名者，如阿通、阿长是也。我弟兄遭逢盛世，清俸之余，薄有田产，儿辈可以度日，倘能安分守己，无险情赘行，如马少游所云"骑款段马，作乡党之善人"。

"李鹤峰中丞之女叶夫人"，即嫁与浙江归安叶佩荪为继室的李含章。其中，盛赞李含章"当年蓬矢桑弧意，岂为科名始读书"诗句"大哉言乎！闺阁中有此见解，今之士大夫都应羞死"。随园老人一再盛赞，堪见李含章诗品、人品果不虚传。

梁章钜《格言》：少承庭训

清代中叶，曾第一个向朝廷提出"收香港为首务"的名臣梁章钜，平生纵览群籍，学识渊博，著述之多位居清代各省督抚之首，如《归田琐记》《浪迹丛谈》《退庵随笔》等，多达70余种。梁氏酷嗜读书，而讲究读书有道。在其所著《楹联丛话》卷八《格言》中，有一条"联话"言及其父视"岂为功名始读书"为"自修要旨"训导自己的故实。移录如下：

> 章钜少承庭训，先资政公每作书，必为章钜讲明其义。尝自署书室曰"四勿斋"，谓"无益之念勿起，无益之事勿为，无益之言勿说，无益之物勿食"也。每为人书楹帖，必用格言，谓章钜曰："人来乞书，而不以格言应之，即所谓无益之事也。"一日与先伯父奉直公为人分书楹帖，先伯父书一联云："欲知世味须尝胆，不识人情只看花。"公亦书一联云："非关因果方为善，不计科名始读书。"呼章钜语之曰："汝知此两联意义之深厚乎？汝伯父所书，乃涉世良方；我所书，乃自修要旨也。"终身用之不尽矣。

顾南雅"改字圆义"辨证之

在此后的《楹联续话》中，梁章钜再次言及"非关因果方为善，不计科名始读书。"即卷二《格言》所载：

> 余前编《联话》，敬载先资政公常书楹帖云："非关因果方为善，不计科名始读书。"此吾乡习传之语，不知撰自何人，言极切近可守，浑然无弊。后阅亡友顾南雅莼《思无邪斋遗集》一条云："尝见陈句山先生所书楹联，作'不关果报方行善，岂为功名始读书'二语，殊未了。古今果报之爽者十有

八九，若此念未忘，其阻善机者多矣。至于'功名'二字，在三不朽之列，正读书人所当念念不忘者，以为立功立名之地，此殆误以科名当之耳。兹为人书楹帖，特改六字，云：'必忘果报能为善，欲立功名在读书。'其义乃圆。"云云。其实"科名""功名"义各有当，未见句山之必误也。

陈句山，清雍正年间进士，擅诗文、书法，著有《紫竹山房集》，"桐城派"祖师方苞的得意门生。位于杭州西湖之畔南山路与河坊街交叉口、柳浪闻莺对面的小山坡上的"句山樵舍"，即陈句山的旧居。乾隆十六年（1751年），句山的孙女、长篇弹词《再生缘》前17卷的作者陈端生，即于此出生。20世纪60年代初，郭沫若探访句山樵舍时曾赋诗："莺归余柳浪，雁过胜松风。樵舍句山在，伊人不可逢。"

"南雅"为清嘉庆文坛名士顾莼的号。顾莼（1765—1832），字希翰，一字吴羹，晚号息庐，江苏吴县（今苏州）人。嘉庆七年（1802年）进士，曾任通政司副使，督云南学政。顾南雅为人刚正不阿，为官有政誉，著有《南雅诗文钞》《思无邪斋遗集》行世。联话所辑句山所书格言联语，尽管与"岂为功名始读书"通常所见文本或有差异，但不失其本。在此，就笔者管见，当是顾南雅首次对其通过辨正"改字圆义"。

顾南雅通过辨正而"改字圆义"，理由在于"古今果报之爽者十有八九，若此念未忘，其阻善机者多矣。至于'功名'二字，在三不朽之列，正读书人所当念念不忘者，以为立功立名之地，此殆误以科名当之耳"。于是，当他在为人书写这副联语时，则"特改六字，云：'必忘果报能为善，欲立功名在读书。'"修正了可能因"岂为功名始读书"之说导致的歧义，可以避免其可能产生的负面作用。对此，梁章钜并不以为然，认为"'科名''功名'义各有当，未见句山之必误也"。如此争议，似乎顾南雅未免过分泥于字义，但颇可见古人对于关系青年前程和时风的认真不苟。

小结:"岂为功名始读书"琐议

综上所述,关于"岂为功名始读书"故实种种,首先,其体裁或云"格言",或入"联语",或谓之"诗",种种不一,皆因所用而异。其次,其文本不一,如"当年蓬矢桑弧意,岂为功名始读书",如"不因果报方修德,岂为功名始读书""当年蓬矢桑弧意,岂为科名始读书""非关因果方为善,不计科名始读书"等,大同小异。其末句语义所彰显的落脚点,都在于倡导不要贪图名利而用功读书。最后,"岂为功名始读书"之说,较早见于李含章《两儿下第》诗,是其初见的母本,其余诸文本皆由此因"集句"衍生或变异而来,源流脉络由此清晰。

"愿读人间未见书"清议

清陈链篆刻"愿读人间未见书"

清代以来，宋人的诗句"愿读人间未见书"成为门楣匾额、书籍标题等多处采用的名句，广为流传。那么，何谓"人间未见书"，又有谁敢自称"曾读人间未见书"呢？

非但"愿读"还欲"读尽"

清代篆刻家陈链有方篆刻，印文是"愿读人间未见书"。考之所出，得见于宋代蓝奎的七绝诗《读书东岩》：

飞瀑悬帘动清响，依岩结屋称幽居。

懒思身外无穷事，愿读人间未见书。

蓝奎，字秉文、灿斗。生卒年不详，广东梅州蕉岭县蓝坊乡中村人。自幼好读书，但家贫了无藏书，只有向友人去借，据说头天借的书次日还时便可背诵无误。据道光《广东通志》卷三〇五载，蓝奎自幼"性强记，书不再阅。家无图史，或假于友，趋宿则归之，问之辄能成诵。尝有诗云：'懒思身后无穷事，愿读人间未见书。'其志学如此"。其读书所在梅县东山与梅县千佛塔和油岩寺毗邻的大东岩，岩洞形似倒扣之釜，左侧有天然石鼓，击之咚咚作响。蓝奎考中进士，乃于当年苦读之所的岩壁上题了"石釜灵响"四个大字以为纪念，后人则将之刻于岩洞口作为岩额。蓝奎官至文林郎、郡博士，并曾奉诏校文福州，晚年乃家居读书讲学课徒。清代蓝坊乡人廪生江李才有《咏蓝奎》诗赞之："山水犹留姓氏香，为开风气在文章。梅州首纪科名录，岂独蕉阳十二乡。"据由清代嘉庆镇平（蕉岭）举人黄香铁经多年广为搜集资料、精心考证研究编著而成的《石窟一征》记载："宋元祐三年有蓝奎登进士科，今蓝坊保庆寺，即奎当年读书授徒处。……然蓝氏后人无传"，"奎所居蓝坊，乡以姓著"。也就是说，鉴于蓝奎堪称梅州客家地区科举取士第一人，为感戴和纪念这位开了本地文风兴盛之始的一代名士，于是将其姓冠为乡名"蓝坊"。这样，乾隆《镇平县志》的人物记载中把蓝奎列为"懿行类"人物，彰显其美德善行。该志按语所言甚明："续史氏曰，旧志称奎为宋名进士，实开邑文风之首，今程乡祀之，而镇平不祀，行将与邑之士大夫别议，俎豆之。"那么，又何以"程乡祀之，而镇平不祀"呢？当地民间传说，由于蓝氏的后人欺压穷人的手段极为残忍而激起民愤，蓝家的佃户们密谋在某年除夕之前的同一天往蓝家送柴草，再于除夕之夜点火烧毁了蓝家房舍，致使蓝坊乡里的蓝氏自此灭绝。看来，后人让先贤蒙羞，先贤再负多高的盛誉亦难免自毁之灾。

"愿读人间未见书"句，在与蓝奎几乎同时代人赵期的诗作中，亦作"读尽人间未见书"。其《云塘述怀》诗云：

万木荫中一草庐，溪风山月弄清虚。

主人静坐心无物，读尽人间未见书。

赵期（1066—1137），字友约，祖籍洛阳，从其父赵寓迁居亳州（今安徽亳州），北宋开国宰相赵普的四世孙。北宋哲宗绍圣元年（1094年）进士，宋徽宗时累迁光禄少卿、国子祭酒，此后先后出任尚书丞、兵部尚书，又以镇压宋江、方腊起义有功而获封武功伯。钦宗靖康元年（1126年）冬，奉敕为江南宣抚使，招兵勤王。蓝奎"懒思身外无穷事，愿读人间未见书"，意在纪念幼时苦读之所兼述去官归里赋闲后的意趣。那么，一向仕途得意的赵期何以也要追寻"主人静坐心无物，读尽人间未见书"的避世消遁情怀呢？显然有其无奈心曲。原来，面对北方金人入侵，赵期连上十疏恳请高宗北上收复失地，却迫于主和派宰相汪潜善等人的谗言诬陷而以"虏未灭而进爵，颜何厚"愤惋辞官，绍兴七年（1137年）以72岁终老谪居之所云塘驿。《云塘述怀》是他谪居云塘驿期间，携琴策杖遨游缙云山区左近山光水色之际的抒怀之作。《云塘述怀》的另一首，似乎更直抒胸臆。其诗云："高山流水兴无穷，杖策携琴蹈软红。莫怨子期呼不起，请君一曲奏南风。"诵此忧国济世两诗，使人油然吟起东林书院那副著名的联语："风声、雨声、读书声，声声入耳；家事、国事、天下事，事事关心。"相去蓝奎之"懒思身外无穷事，愿读人间未见书"，从"愿读"至"读尽"，显然为两种境界。

"愿读人间未见书"的篆刻作者与印主之谊

清代至少有两位"陈链"。一位字道柔，以其居所为号，人称"西林先生",武进(今常州市武进区)人,有《西林诗钞》传世。另一位即篆刻"愿读人间未见书"的有清一代著名篆刻家。据与陈链同道而相知、交善往来20余年的篆刻家汪启淑所撰《续印人传》(亦称《飞鸿堂印人传》)卷一《陈链传》述其行状得知,"炼玉道人陈链,字在专,号西峷,福建同安人,流寓江苏华亭(今上海市松江)。……书法怀素,有古致可观。学铁笔(刻印),悟少陵(杜甫)'书贵瘦硬通神'之语,有所得。已而得朱修能(简)谱,师其指受,以为篆刻之能事毕矣。一日过予,予出先秦两汉铜章数千钮示之,不觉拍案惊骇,若游山者忽然而登岱观水者之忽然而泛澥也。则且穷搜博采,冥思默会,得之心而应之手,遗其象而追其神,于是篆法刀法遂直造于古,而不拘一格"。著有《印说》《印言》《超然楼印谱》《秋水园印谱》等。此印是其31岁时为秀峰亦即汪启淑所刻的一枚正方朱文印。边款为:"秀峰先生侨居古杭小粉场,家藏万卷,而搜访遗书,犹效象罔之求,孳孳不倦,可为嗜古情深,因篆此句,以寄政之,时乾隆岁次庚辰天中节前二日,炼玉道人识。"

  仓颉鸟迹既茫昧,字体变化如浮云。陈仓石鼓又已讹,大小二篆生八分。
  秦有李斯汉蔡邕,中间作者寂不闻。峄山之碑野火焚,枣木传刻肥失真。
  苦县光和尚骨立,书贵瘦硬方通神。惜哉李蔡不复得,吾甥李潮下笔亲。
  尚书韩择木,骑曹蔡有邻。开元已来数八分,潮也奄有二子成三人。
  况潮小篆逼秦相,快剑长戟森相向。八分一字直百金,蛟龙盘拏肉屈强。
  吴郡张颠夸草书,草书非古空雄壮。岂如吾甥不流宕,丞相中郎丈人行。
  巴东逢李潮,逾月求我歌。我今衰老才力薄,潮乎潮乎奈汝何。

仔细品鉴陈链此印及其总体印风,真就不失"书贵瘦硬通神"韵致。

《庄子·天地篇》称:"黄帝游乎赤水之北,登乎昆仑之丘而南望。还归,遗其玄珠。使知索之而不得,使离朱索之而不得,使喫诟索之而不得也。乃使象罔，象罔得之。黄帝曰：'异哉，象罔乃可以得之乎？'"汪启淑（1728—1799），字慎仪，一字秀峰，号讱葊，清代徽州府歙县人。侨寓杭州，官至兵部职方郎中。其家藏书楼名曰"开万楼"，藏书数千种，尤酷嗜收藏古印章，搜罗自周、秦迄元、明印多达数万钮之富，有"印癖"之誉，著有《讱葊诗存》《水漕清暇录》《续印人传》等传世。事迹见于金天翮《皖志列传稿》卷四《汪启淑传》。

汪启淑年长陈链两岁，虽说陈链45岁壮年早逝，但二人相交相善却达20多年。陈链赞其"家藏万卷，而搜访遗书，犹效象罔之求，孳孳不倦，可为嗜古情深"，以及"愿读人间未见书"当非妄语。陈链曾为启淑治印多方，再如其27岁时所刻正方朱文印"乐道经年有典坟"，边款刻曰："秀峰先生枉顾敝居，偶谈及朱修能，叹其瘦硬为主臣后一人，退而摹制此印以就正，然愧未得其万一耳，时丙子七夕后二日，炼玉道人拜手。"联系上述汪氏《续印人传·陈链传》的评价，足见两位友情之厚、相识之深。

纪昀"曾读人间未见书"

何谓"人间未见书"？

说起来，当是由于古代写书、做书受制于书写、印刷物质和技术条件的不发达，再加之交通不便、信息亦难如当今这般顺畅，乃至历代战火灾患不绝于世，图书流行不广，而保存收藏也非常困难。于是，造就了众多的"人间未见书"。

历代出土的简帛文献，正在源源不断地呈现着早已湮没千年之久的"人间未见书"。帛书《周易》《黄帝书》和《老子》的出土，使人们对易学、黄老之学有了新的认识。武威汉简中的三种简本《仪礼》，银雀山汉简中的《孙子兵法》《六韬》《尉缭子》和《晏子》，青海上孙家寨出土的与《孙子兵法》有关的木简兵书，江陵张家山汉墓所出兵家著作《盖庐》，武威旱滩坡东汉初期墓出土的比成书于东汉末年的医方书《伤寒杂病论》还早92枚医方简牍，马王堆汉墓出土的《脉书》和《引书》等医简，河北定县汉墓出土的迄今最早版本的简本《论语》，安徽阜阳双古堆出土的包括亡佚近千年的《仓颉篇》等10余种古籍在内的汉初竹木简牍，湖北江陵张家山出土的西汉早期的法律文献《汉律》《奏谳书》以及比以前认为最古的数学专著《九章算术》还要早的《算术书》等千余枚木简，等等，无不是具有极高历史价值的"人间未见书"。历史的进程使之"重见天日"。

韩愈道："书山有路勤为径，学海无涯苦作舟。"说起来，历代藏书家虽道是世代相承孜孜以求，所获亦不过"沧海一粟"而已。到头来，又大都往往难逃散失殆尽之厄。袁克文《寒云日记》1917年26日记载，其"得明正德刊本《晋二俊文集》之《陆士衡文集》十卷、《陆士龙文集》十卷。每半叶十行，行十八字。每卷尾各有正德己卯都穆跋，谓吴士陆元大重刊宋庆元华亭县本。《士衡集》前有庆元庚申徐氏瞻序。全书经陈仲鱼手校，过录陆敕先校宋本，点画俱照宋本改正，异同精楷注于栏眉或字旁。《士龙集》尾过录敕先三跋，统用朱笔。《士龙集》卷一后覆刊宋庆元校刊衔名三行，又题记二行。藏印有'海宁鳣观''瞻棠''锦心''仲鱼手校'诸印。卷首前附叶有'得此书费辛苦后之人其鉴我'白文印"。

清代海宁篆刻家陈克恕为同邑藏书家吴骞所精治之朱文藏书铭印云："寒可无衣，饥可无食，至于书，不可一日失，此昔人诒厥之名言，是可为拜经楼藏书之雅则。"印之双刀行书边款为："余执友兔床先生力学好古，聚书万卷，手自雠校，寒暑不辍。一日以拜经楼藏书铭出示，爰勒诸石，以垂不朽云。丙申秋日，目耕农作。"又如吴兔床跋《瀛奎律髓》云："每册副页钤以朱文木印云：'聚书藏书，良匪易事。善观书者，澄神端虑，净几焚香。勿卷脑，勿折角,勿以爪侵字,勿以唾揭页,勿把秽手,勿展食案,勿以作枕,勿以夹刺。随损随修,随开随掩。后有得吾书者,并奉赠此法。'余尝仿此刻一印,惟易末二句云:'后人宝遗书者,必当谨守此法。'"凡此,历代的藏书印,可谓字字血、声声泪。

再者,即或是"坐拥书城",亦难以读遍,未能读之者,在一定意义上仍属于"人间未见书"。但是,200年前,还真就有人敢放言"曾读人间未见书",只不过其"分寸"在于"曾读"而非"读尽"。此为何人?即清代重臣、《四库全书》的总纂官纪昀。

纪昀在主持纂修《四库全书》和《四库全书总目》这项浩大文化工程的过程中,虽说未"行万里路",却必须"精审万卷书"。同时代大学者阮元便说:"高宗纯皇帝命辑《四库全书》,公(纪昀)总其成,凡六经传注之得失,诸史记载之异同,子集之支分派别,罔不抉奥提纲,溯源彻委。所撰定《总目提要》多至万余种,考古必求诸是,持论务得其平允。"另一位著名学者江藩亦赞之:"《四库全书提要》《简明目录》皆出公手,大而经史子集,以及医卜词曲之类,其评论抉奥阐幽,词明理正,识力在王仲宝、阮孝绪之上,可谓通儒也。"纪氏于《四库全书》和《四库全书总目》各书,一手裁定、一手删定、一手编注,"一生精力,萃于《提要》一书"。即如其《自题校勘四库书砚》诗所云:

> 检校牙签十余万,濡毫滴渴玉蟾蜍。
> 汗青头白休相笑,曾读人间未见书。

十年里"十余万牙签",则是说披览了十多万函平素稀见的古籍;批校过程中每每"滴渴"(用枯)"玉蟾蜍"(砚滴,贮研墨用水文具)之水,足见其辛苦之状。如此这般,"曾读人间未见书"显非妄言矣。走笔至此,不觉感叹,时下众多"文化工程""出版工程"的主编们,有几位敢如纪昀这样就其所主编的工程坦然自道"曾读人间未见书"？说实在，即或是本人主编过的几种一两百万言丛书或文化通史之类，亦不曾逐字逐句地审读一过。所以，本人不敢如此"妄言"。因此，则更觉古人之伟大，备感"曾读人间未见书"之难得与难能可贵。

幼曾厌学的读书种子叶德辉

叶德辉藏书印之一"长沙叶氏郋园藏书处曰丽楼，藏金石处曰周情孔思室，藏泉处曰归贶斋，著书处曰观古堂"

刘禹锡《陋室铭》曰："山不在高，有仙则名。水不在深，有龙则灵。斯是陋室，惟吾德馨。苔痕上阶绿，草色入帘青。谈笑有鸿儒，往来无白丁。可以调素琴，阅金经。无丝竹之乱耳，无案牍之劳形。……孔子云：'何陋之有？'"尽管刘禹锡意在表达安贫乐道、苦中寻趣的高洁傲岸，其中也不乏凄苦、无奈与自嘲。

杜甫《茅屋为秋风所破歌》的慨叹，"安得广厦千万间，大庇天下寒士俱欢颜！风雨不动安如山。呜呼！何时眼前突兀见此屋，吾庐独破受冻死亦足"，则是因其为避乱而携家流寓成都西门外浣花溪畔草堂；"床头屋漏无干处，雨脚如麻未断绝。自经丧乱少睡眠，长夜沾湿何由彻"，有感而发，亦不乏凄苦与无奈。

相比之下，清末民初著名藏书家叶德辉"长沙叶氏郋园藏书处曰丽楼，藏金石处曰周情孔思室，藏泉处曰归货斋，著书处曰欢古堂"这方藏书章显示，他喜好古籍、金石、古钱，均各有专室收藏。以著述为事业，亦自有专用书斋。常言道："安居乐业。"读书人非但要有住所，还需要有书斋，方可安家立业。说起来，自古迄今，恐怕这都是身为读书人所梦寐以求的"为文者"的基本条件。然而，古来读书人又有多少像叶德辉这般幸运呢？当然，也会有一些具备如此条件因其一生庸碌无为无大成就而可能有所辜负。但毕竟是读书人的渴望和奢求。

叶德辉（1864—1927），字奂彬（又作焕彬、奂分或奂份），湖南长沙人。因好许慎《说文解字》而以许所居里在汝南之郋（音xí）地自号"郋园"，以志私淑。清道光末年叶德辉祖父叶绍业始携眷迁湘后，由于经营得法而一跃成为当地著名富商大户，他本人即出生于长沙坡子街叶公和店中。后为获得县籍得以在湖南参加科举考试，则向湘潭学宫捐金，故又称湘潭人。孰知这位一代不可多得的读书种子，幼年却因读书不佳而倍感痛苦，乃至十五岁之前一直厌学。据叶氏《郋园六十自叙》，当他八岁入小学时，即"以为天下至苦之事，莫读书若矣"。"至十四岁，余记性犹极钝，今日所授读，明日辄忘之。先君督课甚严，夏楚之威，如临汤火。至此时更以为天下至苦之事，莫读书若矣。"于是，只好弃学学商。然而，学商不到三个月，一天夜里，躺在床上忽然开悟，"忆所读书皆了解，试为文亦颇成章段。持以质前塾师，极称誉。于是重入学，渐能为八股试帖"。自此，其考功名和仕进一路顺遂。叶氏于光绪十一年(1885年)中举人，七年后（1892年）进士及第，"钦点主事、观政吏部、保升员外郎加四品衔"，授吏部主事。可以说，虽说他幼年曾经厌学，但其求学、考取功名和最终为官，一路走来，完全未脱离"学而优则仕"的程式节奏。如此这般，想是很快就调整好了他的厌学心理。如何调理的，不得而知。而且，纵观叶德辉一生倒是因读书有成而创建了这些看似奢侈的楼、室、斋、堂，并因此而颇感自得，成为名重一时精通版本、目录、校雠之学的藏书家。除辑校刊行"观古堂书目丛刻""丽楼丛书"和"双梅景庵丛书"等数百卷经典古籍，尚有《三礼郑注改字考》《说文解字故训》《郋园书画题跋记》《北游文存》《山居文录》等多种著述。尤其《隋书·经籍志考》《汉律疏证》《四库全书总目版本考》《观古堂藏书目录》《郋园读书志》《藏书十约》《书林清话》《书林余话》《藏书纪事诗》等，如今仍然颇有影响，已经成为经典传世之作。

之所以创下如此卓著的学术建树，可以说与其不知为何断然退出官场不无关系。光绪二十年（1894年），叶德辉激流勇退，断然放弃刚刚迈入的仕途，"乞归故里，奉亲读书"。于是，成就了一位留名青史的大学问家。似乎从其后来的种种劣性来看，中国历史上也少了一位恶官。

叶德辉既不愿为官，据说又不齿言商，其生计何来，又何以建得起堂皇丽楼、孔思室、归货斋和欢古堂而得以潜心读书治学？原来，叶德辉出身于以经商起家的富绅之家，其父叶雨村以经营茶业致富，腰缠万贯，广置田产，还先后开过染坊、槽坊、钱庄和百货商行，可谓富甲一方。如此丰裕的家境，正是他之所以弃官治学的重要物质条件。或说他看不上当京城小官月薪只七两银子的那点儿俸禄而拂衣归隐，莫若说还是在丰裕的经济条件支撑下，读书治学的志趣起了主导作用。特别是作为书香门第，他还得益于继承了祖上丰富的藏书。据其在《观古堂藏书目·序》中自道，宋代藏书家叶梦得、清代藏书家叶树廉、叶奕，皆其先祖。其所承继的曾祖、祖父旧藏之中，举凡唐宋人诗文集，昆山顾氏、元和惠氏、嘉定钱氏遗书，以及毛晋汲古阁所刻经史残册，几乎大都是珍贵的孤本、善本典籍。

叶氏当年与近代名人蔡元培、张元济、赵熙、赵启霖、蒋廷黻等，是同榜进士。20世纪20年代，胡适曾云："现今的中国学术界真凋敝零落极了。旧式学者只剩王国维、罗振玉、叶德辉、章炳麟四人……"如果说辜鸿铭是一代"奇才狂儒"的话，那么郋园主人则可谓"怪才劣绅"。叶德辉从幼年时曾一度厌学到求学获得功名和入仕，一路顺利，可谓之一"怪"。随即又绝意仕进潜心学术，专心致志而且成就卓著，还可谓之一"怪"。所谓"怪"，首先是指不平常、奇异，令人惊异。那么，其最终横死于革命运动风暴之中，是否也可谓之一"怪"呢？此"怪"，当指其令人不可思议，当然也是不容辩解地最终被视为劣绅而被正法，甚至被湖广总督瑞澂痛斥"行同无赖，为富不仁，猥鄙可耻"，以其劣行太甚。

叶德辉之死，曾举国震惊。声讨者、惋惜者、泄愤者，不一而足。相传，章太炎闻听叶德辉被抓曾急发电报为之求情，说此人固然该杀，但念他是个读书种子，还是留其一命为好，亟言"杀之，则读书种子绝"。但电报到时一切已晚。毛泽东的老师、曾任湖南省立第一师范校长的易培基闻讯极为悲伤。几十年后，毛泽东说："对于这种大知识分子不宜于杀，那个时候把叶德辉杀掉，我看是不那么妥当。"著名戏剧学家吴梅作诗挽之曰："竟杀读书种，天高何处呼。"甚至，叶氏早年的论敌梁启超也倍感惋惜，同时还认为像叶氏如此大儒被戮的刺激导致了王国维的投湖自尽。梁启超在给他女儿的一封信中分析说，王国维"平时对时局的悲观，本极深刻。最近的刺激，则由两湖学者叶德辉、王葆心之被枪毙，静公深痛之，故效屈子沉渊，一瞑不复观"。可见，叶德辉之死影响不小。

叶德辉恶行遭人愤恨，然而使人又为之感到非常惋惜。因为他是一位成就卓著的经学家、文字学家、藏书家、目录版本学家，有硕学通儒、一代宗师之誉。尤其是其版本目录学，堪称一代之冠。据认为，他同王闿运、王先谦一道撑持着湖湘学界的半壁江山,被当时的日本学界视为中国学术重镇、心中的圣地。训诂学家杨树达在所撰《〈郋园全书〉序》盛赞乃师:"吾师湘潭叶园先生,早岁登朝,谢荣归里,杜门却扫,述作自怡。于时长沙耆宿有湘阴郭侍郎玉池先生、湘潭王孝廉湘绮先生、长沙王祭酒葵园先生,皆东南物望,坛坫盟主。先生于诸老倾挹有加,宗风各异。就中祭酒谷虚成德,见先生会试闱作,击节叹赏,忘其年辈,投谒先施,谓:往者视学江南,续仪征阮氏经编。江皖耆彦,经求纷纶,湘士卑卑,怀惭抗手,今得吾子,湘学其有幸乎!暇阅祭酒刊撰《世说》,缘先生一言指谬,索还赠本;隳板重镌。他如理董班史,甄录精言,音辑骈词,多资攻错,尽言虚受,学林鱼水,识者两归美焉。……呜呼!梁木云坏空悬后堂之音,楚宝无光"。假如,叶德辉只是老老实实地做他的本分学者,没有那么多劣绅恶行,何来如此耶?假如不杀掉他,又会怎样呢?然而,历史没有这种"假若"。今人胡文辉《现代学林点将录》有总评诗曰:"如何头角总难驯,名士收场竟劣绅。书与老婆都不借,叶公原是性情人。"一位不可多得的怪才、奇才,皆因不保读书人应守的名节而未得善终。或许,叶德辉罪当如此。那么,其著述迄今流行不衰,抑或是在继续为之赎罪吧。

叶氏凭吊东汉名士祢衡曾有诗云:"乱世人才刀俎物,不缘挝鼓误平生。"叶德辉《自叙》曾道:"吾书虽废于半途,藏书家固不患无考证也。嗟乎!五十无闻,河清难俟,书种文种,存此萌芽。当今天翻地覆之时,实有秦火胡灰之厄。语同梦呓,痴类书魔,贤者闵其癖好而纠其缪误,不亦可乎?"当叶氏成了"刀俎物"被戮与王国维投湖成为历史事实之后,这自叙之语恰似谶语。

王国维、叶德辉之死,无不值得人们深刻地理性反思。

"音律书酒"与"图书琴壶"

清程邃篆刻"少壮三好，音律书酒"

    历来文士讲究"雅兴""雅趣"。清代诗人查为仁《莲坡诗话》有云："书画琴棋诗酒花，当年件件不离它；而今七事都更变，柴米油盐酱醋茶。"查氏此诗前半部分说的便是所谓文人雅趣，后半部分显然是世俗生活俗务"开门七件事"了。元杂剧《刘行首》戏文有道："教你当家不当家，及至当家乱如麻；早起开门七件事，柴米油盐酱醋茶。"

    与世俗俗务"开门七件事"对应的琴、书、酒，一向是古代文人士子的传统情趣和雅兴。"音律书酒"与"图书琴壶"，乃雅趣的核心。"音律书酒"，语出南朝佛学家萧琛；"图书琴壶"，系本文就唐代诗人陆龟蒙《赓歌》诗句"左图且书，右琴与壶"的缩略说法。

《册府元龟》卷七九一八《总录部·勤学》载："萧琛尝言，少壮有三好，音律、书、酒。年长以来，二事都废，惟书籍不衰，后至侍中特进。"有个流传甚广的古代笑话"报以战栗"，讲的正是萧琛醉酒以栗子回掷梁武帝的故事。梁武帝萧衍系汉朝相国萧何的第二十五世孙。相传，与梁武帝同姓而又颇有辩才的萧琛，在萧衍尚未称帝时即与之交情很好，是素相狎昵的好友。萧衍称帝后仍不忘旧日友情，每逢朝燕，则呼为宗老。即如《梁书·萧琛传》所载："高祖在西邸，早与琛狎，每朝宴，接以旧恩，呼为宗老。琛亦奉陈昔恩……"某日，已经登基成为皇帝的萧衍请宴，萧琛醉倒，梁武帝取枣子戏投萧琛，酒醉的萧琛竟然也取了颗栗子回掷武帝，而且正中面部。武帝未免有些光火，萧琛则机智地辩解说："陛下投臣以赤心，臣敢不报以战栗？"据《梁书·萧琛列传》记载："萧琛性通脱，常自解灶事，毕狱余，必陶然致醉。"又载，萧琛常言："少壮三好，音律、书、酒。年长以来，二事都废，惟书籍不衰。"其音律与酒均废是否同传说的醉酒取栗掷帝之悔有关，不得而知。但是"少壮三好，音律书酒"之言与"报以战栗"的故事却流传至今不衰。试想，假若萧琛一生耽于音律和酒而不废之，那么尽管其"少而朗悟，有纵横才辩"，也很难成就后来的建树。

　　"少壮三好，音律书酒"篆刻的作者程邃（1605—1691），字穆倩，亦字朽民、啸民等，别号垢道人、江东布衣，安徽歙县人。在清代生活了近半个世纪的程氏疾恶如仇，颇具民族气节，其诗稿《萧然吟遗》曾遭朝廷禁毁。其诗、书、画、印均修养极高，并长于金石考证之学，被视为清初画坛一代宗师、最出色的篆刻家。尽管其生活在明末清初社会激烈动荡时代，毕生不失"音律书酒"雅趣。

　　程邃这方篆刻，章法严谨，疏密有致，离合有伦，古拙浑朴，甚是凝练深厚。清顺治时，施闰章《程穆倩印薮歌》赞之：

清徐坚篆刻"左图且书，右琴与壶"

自言好古非雕虫，篆籀周秦足方驾。
诘曲迷离多不辨，相逢十人九人诧。
可怜古籍秦火焚，存者如缕金石文。
岣嵝钟鼎尽奇字，恍惚天矫凌浮云。
今人能手类刻木，仰唇俯足徒纷纷。

篆刻"左图且书，右琴与壶"的作者徐坚（1712—1798），字孝先，号友竹、邓尉山人等，清吴县光福人。徐氏自幼机警颖异，好学强记，少时即有诗名，是晚于程邃一代的著名诗人、金石篆刻家和书画家，有《友竹诗钞》《烟墨著录》《西京职官印录》《茧园诗钞》等传世。

清代诗文家、文学评论家潘德舆云："予考陆象山曰：'诗学原于《赓歌》，委于《风》《雅》，《风》《雅》之变壅而溢者也，《骚》又其流也。《子虚》《长杨》作而《骚》几亡，黄初而降，日以澌矣。惟彭泽一源，与众殊趋，而玩嗜者少。隋、唐之间，否亦极矣。杜陵之出，爱君悼时，追蹑《风》《雅》，才力宏厚，伟然足镇浮靡，诗为之中兴。'此数行文字，能贯三四千年诗教源流，又洞悉少陵深处，语意笔力，皆臻绝顶，乃可谓遒劲简括耳。以作杜公传赞，庶几不愧。"（《养一斋李杜诗话》卷二）南宋王灼晚年所著词曲评论笔记《碧鸡漫志》认为："《赓歌》《九功》《南风》《卿云》之歌，必声律随具。古者采诗，命太师为乐章，祭祀、宴射、乡饮皆用之。故曰：正得失，动天地，感鬼神，莫近于诗。先王以是经夫妇，成孝敬，厚人伦，美教化，移风俗。诗至于动天地，感鬼神，移风俗，何也？正谓播诸乐歌，有此效耳。"（卷一《歌曲所起》）即如先秦佚名乐府《赓歌》的诗题诗风。《赓歌》诗云："股肱喜哉，元首起哉，百工熙哉。元首明哉，股肱良哉，庶事康哉。元首丛脞哉，股肱惰哉，万事堕哉。"然至于陆龟蒙《赓歌》，则格调有变，其诗云："采江之鱼兮，朝船有鲈。采江之蔬兮，暮筐有蒲。左图且书，右琴与壶。寿欤夭欤，贵欤贱欤。"尽管其"原于《赓歌》，委于《风》《雅》，《风》《雅》之变壅而溢者"，陆氏《赓歌》所抒发的已是文人士子"图书琴壶"之逸兴。程邃、徐坚"音律书酒"与"图书琴壶"两方篆刻体现的同样是文人士子之雅趣逸兴。

　　许多年来，随着文化被"革命"，痞匪习尚一时甚嚣尘上，斯文扫地，文人士子"图书琴壶"之雅趣逸兴亦为之湮没。本属文明雅事的"图书琴壶"之雅趣逸兴何罪之有？当"劳动光荣"异化为对"读书人"的羞辱性惩戒之际，也的确无从谈起。愚以为，呼唤"图书琴壶"雅趣逸兴之回归，虽说不应是"全民运动"，但总是一种文化与文明的境界。此即就"音律书酒"与"图书琴壶"这个话题所欲阐发的一点意思。

【藏书印藏书铭谭屑】

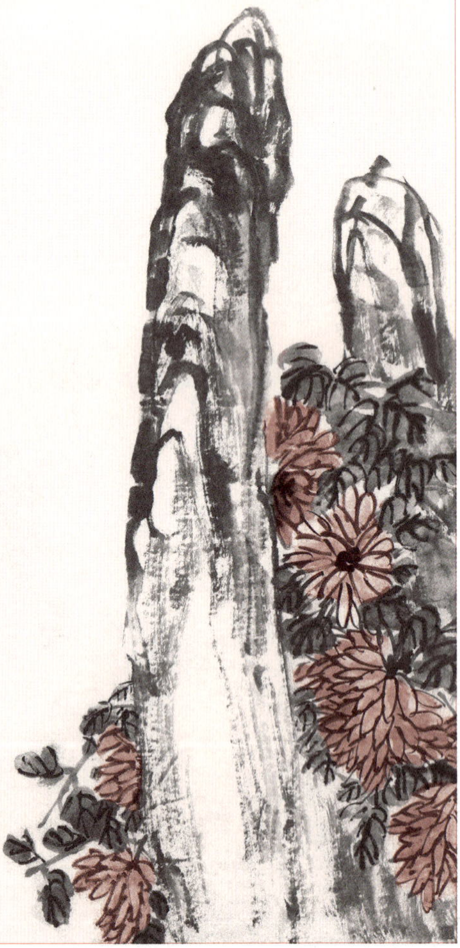

人生不用觅封侯，百城高拥拜经楼

印文："寒可无衣，饥可无食，至于书，不可一日失，此昔人诒厥之名言，是可为拜经楼藏书之雅则。""此昔人诒厥之名言"者，确属古代藏书家的传统。据载，不仅是北宋资政殿学士、当时著名藏书楼"清风楼"楼主蒲宗孟经常告诫子弟的话，而且明代"嘉靖七子"之一宗臣《新锲宗先生子相文集·读太史公杜工部李空同三书序》亦云："余采艺林，抽绎千古，盖史迁其至哉。诗则工部，余束发而读二书，今十五年矣。寒可无衣，饥可无食，陆可无车，水可无楫，而二书不可以一时废也。"

清代文学家吴骞也是一代著名藏书家。吴骞(1733—1813)，字槎客，海宁（今属浙江）人。乾隆时贡生。学识渊博，能画工诗，喜藏书。每遇善本，不惜重金购买，或借读手抄校勘。曾得乡贤马思赞"道古楼"、查慎行"得树楼"所藏之残帙。积有名刻善本45000余卷，筑藏书楼以庋藏名曰"拜经楼"。同时还另行建造有"千元十驾书室"，

清代藏书家吴骞闲章"寒可无衣，饥可无食，至于书，不可一日失，此昔人诒厥之名言，是可为拜经楼藏书之雅则"

用来专门收藏宋元旧本。嗜好典籍,遇善本书往往倾囊购买。校勘精审,他搜罗宋元刻本,如陶渊明、谢玄晖诸家集,加以刊刻,被学者视作珍宝。他与当时的许多文人学者结交甚密,经常同陈鳣、周广业、黄丕烈、吴翌凤、鲍廷博等学者和藏书家在一起谈书论学,探奇吊古,切磋诗文。陈鳣有诗(《河庄诗钞》)赞道:

人生不用觅封侯,但问奇书且校雠。

却羡溪南吴季子,百城高拥拜经楼。

他得到宋刊《百家注东坡先生集》后,便以此苏诗为其收藏处取名"苏阁";后来,他把这部《百家注东坡先生集》送给二儿子吴寿旸收藏,又让寿旸以"苏阁"为号。此前,在寿旸出生当日,正好得到一部宋刻本《周礼纂图互注重言重意》,《周礼》在古文献中又称作《周官》,因此,他就为寿旸取字"周官"。所以,吴氏二儿子吴寿旸的字(周官)和号(苏阁),都与他购到的心爱之书相关。吴骞爱书如此,风雅之至,可见一斑。吴骞醉心于书,舍财辛勤购书,使其拜经楼富甲一方。《海昌备志》说他"所得不下五万卷"。陈鳣在《〈愚谷文存〉序》里记述说:"筑拜经楼,聚书数十万卷,丹黄甲乙,排列几筵。"并称楼中"又有图绘、碑铭、鼎彝、剑戟、币布、圭璧、印章之属,丹漆、陶瓿、象犀、竹木之器。充牣其中,皆辨其名物制度,稽其时代款识,著之谱录"(《〈愚谷文存〉序》)。足见拜经楼收藏之富。就此,近代著名文献学家、藏书家叶昌炽在其《藏书纪事诗》卷五中咏道:"为慕一廛藏百宋,更移十驾庋千元。生儿即以周官字,俾守楹书比孝辕。"

吴骞绝非以藏书囤积居奇谋财,亦非以藏书充文雅的"两脚书橱"。"书生本色",藏书在于读书、用书。吴氏的成就可以为证。据陈鳣《〈愚谷文存〉序》所载:"吴骞著有《愚谷文存》及《续编》《诗谱补亡后订》《许氏诗谱钞》《孙氏尔雅正义拾遗》《国山碑考》《小桐溪吴氏家乘》《阳羡名陶录》,并《续录》《桃溪客语》《拜经楼诗话》《拜经楼文集》《拜经楼诗文集》《论印绝句》《万花渔唱》以及《桐溪客话》《四朝经籍志补》等多种。陈氏赞其文章"文笔之高坚,词旨之敦厚,固世之有目共赏者"。民初博古斋影印的"拜经楼丛书"所收其著作,就有《拜经楼诗集》12卷、《续集》4卷、《愚谷文存》14卷、《续编》2卷,还有《拜经楼诗话》4卷、《拜经楼藏书题跋记》6卷、《万花渔唱》词1卷、《论印绝句》2卷,足见吴氏一生著作甚富。恰如吴骞的同好、另一位同时期著名藏书家"百宋一廛"楼主黄丕烈写诗所赞:"我为嗜奇荒产业,君因勤学耗年华。"

吴氏每每购得心爱典籍,或专制一印章,或以书名楼,或以书名其儿孙,以记其事,表达其兴奋心情及宝爱的情趣。例如,他在购得宋刻本《咸淳临安志》91卷、《乾道志》3卷、《淳祐志》6卷后,高兴异常,遂刻一印,曰"临安志百卷人家"。藏书铭印"拜经楼藏书之雅则",可谓其志趣的剖白。据《愚谷文存·桐阴日省编》吴骞自述:"吾家先世颇乏藏书,余生平酷嗜典籍,几寝馈以之。自束发迄乎衰老,置得书万本,性复喜厚帙,计不下四五万卷。分归大、二两房者,不在此数。……竭平生之精力而致之者也。""拜经"者,尊崇知识,传承知识,尊崇智慧也。《清代海宁藏书家印鉴》收吴骞藏书章有43方,这方藏书铭印文,正是其苦心藏书的真实写照。

禄易书，千万值。小胥钞，良友贻

清代杨以增藏书铭印

印文："禄易书，千万值。小胥钞，良友贻。阁主人，清白吏。读曾经，学何事？愧蠹鱼，未食字。遗子孙，承此志。"此系清代著名书画家吴熙载为"杨家藏书楼"所撰《海源阁藏书铭》。

"杨家藏书楼"，亦即与"铁琴铜剑楼"齐名的"晚清四大藏书楼"之一的"海源阁"。"海源阁"阁主杨以增（1787—1855），字益之，号至堂，别号东樵，山东聊城（今属聊城市东昌府区）人。杨以增出身诗书世家，17岁入县学，道光二年（1822年）中进士，先后任贵州荔波县知县、松桃直隶厅同知、贵阳府知府等。1840年，杨氏取《学记》"先河后海"之说，仿范氏"天一阁"之名，自题藏书楼"海源阁"。"海源阁"位于聊城旧城南万寿观前街东首的杨氏故宅东跨院，共三楹两层，坐北朝南，善本珍籍收藏于上层。

出身于书香门第的杨以增自幼喜爱藏书，秉承乃父所创"袖海堂""厚遗堂"藏书遗风，道光五年（1825年），开始收藏宋、元珍本秘籍。步入仕途后，在各地任官时也都留意搜集当地故家散出的藏书，先后收藏苏州黄丕烈"士礼居"等散出的旧藏图书，数年间几乎将吴越数百年保存的重要文献尽数集到自己的藏书楼。其子杨绍和，曾任翰林院编修、侍读，曾获藏清宗室弘晓"乐善堂"藏书；其孙杨保彝曾任山东省通志局会纂，亦秉承父志竭力丰富"海源阁"。至清末，"海源阁"藏书一度多达3700余部、22万卷。其中，仅宋元珍本即达469种，编成藏书目录《楹书隅录》五卷、续编四卷。今存"聊城杨氏三世守藏"藏书印，亦可为其世代藏书家风之写照。

"海源阁"在中国藏书界赢得"南瞿北杨"之誉，叶昌炽《藏书纪事诗》所云"艺芸散后归何处？尽在南瞿与北杨"，即本此。《海源阁藏书铭》恰是杨氏藏书之富之精，爱书、集书之痴的写照。历经兵火战乱之后，"海源阁"藏书大部散失，少部辗转入藏国家图书馆和山东省图书馆。杨氏穷毕生精力集藏、传续文化之功，名载青史。尽管"海源阁"书散楼空，但《海源阁藏书铭》仍一向为藏书家传诵。

昔司马温公藏书甚富，所读之书终身如新

清末顾锡麒藏书铭印

印文："昔司马温公藏书甚富，所读之书终身如新。今人读书恒随手抛置，甚非古人遗意也。夫佳书难得易失，消一残缺，修补甚难。每见一书或有损坏，辄愤惋浩叹不已。数年以来，搜罗略备，卷帙颇精，伏望观是书者倍宜珍护。即后之藏是书者，亦当谅愚意之拳拳也。谀闻斋主人记。"以司马光藏书、爱书为例，感慨集书藏书之艰，愤惋浩叹书损坏之痛，拜托世人珍惜藏书。

"谀闻斋"斋主顾锡麒，清太仓浏河（今江苏太仓济河镇）人，系与"东仓书库"缪朝荃、"溪山书屋"王祖畲和"听邠馆"钱绥盘齐名的清末民初太仓四大藏书家之一。顾锡麒长期居住在上海，其"谀闻斋"及藏书即在上海。后因鸦片战争爆发而仓皇迁徙，致使藏书大多散佚，剩存者乃售予商务印书馆

附设之东方图书馆，后该馆被毁而损失殆尽。

司马温公即司马光，北宋著名政治家、史学家、散文家。自幼嗜学，藏书甚富，尤喜《春秋左氏传》等。不过，这篇以"司马温公藏书甚富"开篇的藏书铭，尚非顾氏首创。清蒋光煦《东湖丛记》记述"遗经堂主人"藏书铭有云："昔司马温公藏书甚富，所读之书终身如新。今人读书恒随手抛置，甚非古人遗意也。夫佳书难得易失，稍一残缺，修补无从。每见一书或有损坏，辄为愤惋，如对残废之人。数年来搜罗略备，卷帙斩然，所以遗吾子孙者至厚也。后人观之，宜加珍护。即借吾书者，亦望谅愚意也。遗经堂主人记。惜其姓名不可考。清人程序钧室名'遗经堂'，不知是否即此主人。顾锡麒有朱文大方印，亦录此训，惟后部文字稍异。"

以"司马温公藏书甚富"开篇之藏书铭为祖训加以发扬，是前辈、先贤知敬畏、有修养的体现。时下，似亟待发扬。更需要于浮躁之中净化风气。

澹生堂中储经籍，主人手校无朝夕

明澹生堂主人祁承㸁藏书铭印

印文："澹生堂中储经籍，主人手校无朝夕。读之欣然忘饮食，典衣市书恒不给。后人但念阿翁癖，子孙益之守弗失。旷翁铭。"爱书之情，读书之乐，珍惜之念，寄子之望，以及集藏、校、读之辛苦，尽在方寸之间。

明代藏书家、澹生堂主人祁承㸁(1563—1628)，字尔光，号夷度，一号旷翁，明山阴人。万历三十二年(1604年)进士，官至江西右参政。祁承㸁出身于书香门第，其祖父祁清一生淡泊名利，对他人生道路影响甚大。清全祖望《旷亭记》说，祁承㸁"治旷园于梅里，有澹生堂，其藏书之库也；有旷亭，则游息之所也；有东书堂，其读书之所也"。又说他"精于汲古。其所钞书，多世人所未见，校勘精当，纸墨俱洁净"。楼名"澹生"，即意在继承其祖父的志向和品格；名其园为"旷园"，并自号"旷翁"，显然亦是在昭示如此胸臆。

为管好藏书，澹生堂主手撰享有中国最早的图书馆藏书建设理论的《澹生堂藏书约》。序文自述读书、藏书经历，正文的"聚书训""藏书训略""读书训"三部分，分别论述图书采访、分类典藏和古人读书事例。万历四十八年(1620年)，他又提出了"因、益、通、互"四字分类编目学说，撰写了对我国目录学和后世图书馆学的分类理论产生重要影响的《庚申整书略例四则》。尤其是《澹生堂书目》使用"分析着录"和"互见着录"方法，在我国古典目录学史上颇有影响。

祁承㸁的藏书印亦很有特色，尤其是那方著名的藏书铭印——"澹生堂中储经籍，主人手校无朝夕。读之欣然忘饮食，典衣市书恒不给。后人但念阿翁癖，子孙益之守弗失。旷翁铭"，不仅体现了印主爱书护书之情，亦在训诫祁氏子孙应坚守良好的典范和家风。书林每引为佳话。

"澹生堂"藏书甚富，尤以祁氏抄本为历代藏书家所珍重。其子祁彪佳，承继父业。祁彪佳(1602—1645)，字虎生，一字幼文，又字弦吉，天启二年(1622年)进士，曾官南明右佥都御史。清兵破南京、杭州之后，彪佳投水自尽，以身殉国，祁氏藏书自此开始散出。全祖望《小山堂祁氏遗书记》载，"澹生堂"散出的藏书多为黄宗羲（梨洲）、吕留良（晚村）等名家购藏，部分归杭州赵氏"小山堂"，余则散入坊间。有感于"澹生堂"之沧桑，吕晚村有诗两首，其一云："阿翁铭识墨犹新，大担论斤换直银。说与痴儿休笑倒，难寻几世好书人。"戏谑之余，感慨深重。

何以"悔不十年读书"

清鱼元傅藏书铭印"悔不十年读书"

"悔不十年读书",这是古来许多文人都发出过的感叹,也有许多人将其入印。何以"悔不十年读书"?很少有人作过明确的阐说。或许,有的本来志在诗书雅事,却难以抵御红尘的诱惑而沉溺于功名利禄难以自拔,当对镜慨叹白了少年头的"空悲切"。

鱼元傅(1704—1768),字虞岩,号东川,江苏常熟人。继承其父鱼翼所建"闲止楼",收藏书画甚多,与当时著名藏书家席玉照、孙庆增齐名。举凡秦汉铜器、宋元名迹等,无不广为收罗,个中尤以收藏说部、小集之类文献见著,并且精于文物鉴赏和古籍辨识。检视《中国藏书楼》,除仅简略记有鱼翼、鱼元傅父子外,惜无关于"闲止楼"的更多记述。"闲止楼"所用藏书印有"鱼东川藏书""闲止楼珍藏""悔不十年读书""每爱奇书手自抄"等。晋人陈寿说："一日无书，百事荒芜。"（《三国志·魏书》）那么，如此一生爱书、抄书手不释卷，毕生埋在故纸堆中的藏书家鱼元傅又何以慨叹"悔不十年读书"？他自己没有解释，也就不得而知。

近人齐白石有方印章云："一息尚存书要读。"非此，他老人家终其一生也不过一介著名的"画匠""字匠"而已，之所以能够成为一代艺术"大师"，或许就是读书的力量吧。西方哲人所言："书的真正目的在于诱导头脑自己去思考。"（莫利，美国作家）"读书是在别人思想的帮助下，建立起自己的思想。"（鲁巴金，俄国图书学家、目录学家、作家）最为切中肯綮者，还当属汉代刘向所言："书犹药也，善读可以医愚。"（《说苑》）曾国藩家书谈到读书的"三大要义"，在于"有志、有识、有恒"。或许，西哲与前贤这些慧思和哲言即可为"悔不十年读书"的一个比较贴切的注脚吧。

误书细勘原无误，不校校书比校勤

清代顾广圻藏书铭印"时思误书，亦是一适"

校勘学家向视"误书"，即误字或文字上有错误的书籍。《北齐书·邢邵传》："有书甚多，而不甚雠校。见人校书，常笑曰：'何愚之甚，天下书至死读不可遍，焉能始复校此，且误书思之，更是一适。'"宋王应麟《困学纪闻·评诗》："东坡《春帖》用'翠管银罂'，出老杜《腊日》诗（按：'口脂面药随恩泽，翠管银罂下九霄。'仇兆鳌注引张綖曰：'翠管银罂，指所盛之器。'宋张纲《浣溪沙·荣国生日》词：'腊日银罂翠管新，潘舆迎腊庆生辰。'），而注者改为'银钩'，此邢子才所以有'日思误书'之语也。"《清史稿·陆圻传》："性颖异，善思误书。尝读《韩非子》'一从而咸危'，曰：'是一徙而成邑也。'"今人陈寅恪致傅斯年信（1944年10月3日）中亦曾用此典故："闻彼处有新刊中国史数种，希为弟致之，或竟向林、范诸人索取可乎？'求之与抑与之与。'纵有误读，亦有邢子才误书思之，亦是一适之妙也。"

"雠"即古之"仇"字。"校雠"本指核对，是就同一本书以不同版本相互核对，比勘文字、篇章之异同，进而校正讹误。古往今来，校勘学家一向视"误书"为仇敌，因而有"若冤家相对"之喻。如《文选·魏都赋》李善注引《风俗通义》："按刘向《别录》：'雠校，一人读书，校其上下，得谬误为校。一人持本，一人读书，若冤家相对。'"鲁迅亦云："事物不相校雠，辄昧善恶。"（《鲁迅书信集·致蒋抑卮》）

顾广圻(1766—1835)，字千里，以字行，号涧薲、涧宾，另有别号"思适居士"，元和(今属江苏苏州)人。受业于吴县江声，嘉庆诸生。《清史稿》等谓广圻天质过人，颖敏博洽，经史、训诂、历算、舆地、诸子无不贯通，尤精校雠，以"唯无自欺，亦无书欺；存其真面，以传来兹"为旨，孙星衍、张敦仁、黄丕烈、胡克家、秦恩复、吴鼒先后延主刻书，皆为之札记，考定文字。经其批校各书，无不因版本可靠和具有较高的学术价值而备受后人推崇，以之与珍贵的宋刊本相媲美。因与孙星衍、黄丕烈等人并称为有清一代校勘学巨擘，向有"顾批黄跋"之誉。著有《思适斋集》十八卷，录其校书、刻书的序跋；摘先儒语录为《遯翁苦口》一卷，后近人王大隆又辑集外题记刊成《思适斋书跋》四卷，皆传于世。据广圻《刻〈易林〉序》自叙："广圻十六七岁时，从游于长洲张白华师，假馆程子念鞠家。念鞠既同门而颇蓄书，甚相得也。先是，念鞠有陆敕先手校本《易林》，后归黄君荛圃，将谋付刊，属序其简首。回忆初知有是书之日，倏忽二十五六寒暑，曾不一瞬。而念鞠以薄宦遽化于外，广圻亦复行年四十有三，久见二毛矣。方思悉数吾吴人物渊源，典籍流派，所闻所见，加以笔记，存诸敝箧，示我儿曹，稍传文献之信。而荛圃刻是书颠末，乃可为其中一事者也。"关于其生平事迹，李兆洛《顾先生墓志铭》载："先生名广圻，字千里，以字行，号涧薲、涧宾，年三十，补博士弟子员。孙渊如观察、张古余太守、黄荛圃孝廉、胡果全中丞、秦敦夫太史、吴山尊学士，皆推重先生，延之刻书。道光十五年二月十九日卒，年七十。先生论古书讹舛处，细若毛发，棼如乱丝，一经剖析，骎然心开而目明。铭曰：'安得古书，尽经君手，凡立言者，藉君不朽，书有时朽，先生不朽。'"

显然，如此一位校勘大家借北齐邢子才（邢邵）"日思误书，更是一适"之典，自号"思适居士"，名藏书处为"思适斋"，乃其自励也。亦由此，乃有"时思误书，亦是一适"藏书铭印。对此，其《百宋一廛赋》黄丕烈注云："居士元县学生，喜校书，皆有依据，绝无凿空。"其持论谓凡天下书皆当以不校校之，深有取于邢子才"日思误书，更是一适"语，以之自号云。其《思适斋图自记》所叙更为明了："史称子才不胜校雠，子才诚不校乎哉？则乌由思其误，又乌由而有所适也？故子才之不校，乃其思不校之误，使人思误于校者，使人不能思去误于校者，而存不校之误，于是日思之，与天下后世乐思者共思之，此不校校之所以有取于子才也。"

关于顾广圻痴心致力于典籍校雠故事，与之同时的黄丕烈《士礼居藏书题跋续录》记有一则："顾千里为余言曰：'有宋刻《鉴诫录》，为程念鞠豪夺去。'此事已逾二十年矣。念鞠秘不示人，余虽识念鞠，未便索观也。近念鞠宦游江西，家中书籍大半散佚，惟此书尚宝藏。余谋诸书贾之素与往来者，久而始得见其书，索白镪三十金。余爱之甚，易以番钱三十三圆。书计五十七页，题跋一页，以页论钱，每页四钱六分。宋刻书之贵，可云贵甚，而余好宋刻书之痴，可云痴绝矣。时嘉庆九年，岁中甲子，正月丁巳日。"又越岁丙寅一跋云："是书千里所得，叔平所收。今春叔平从江西解饷至江宁，旅中病卒。千里馆于江宁太守许，因为料理丧事，今其孤扶柩归，可谓始终笃于情矣。"可见一斑。

有研究指出，在中国校勘学史上，顾氏有自己一套独特的校勘方法和校勘思想。例如，他校《宋名臣言行录》时，就曾归纳出致书误的十八种原因：一、全页脱落；二、错简；三、年名误；四、地名误；五、人名误；六、谥号误；七、官名误；八、脱字；九、脱句；十、两句各脱其半；十一、衍字；十二、倒字；十三、讹字；十四、误字；十五、小字侧注错入正文；十六、注所出书名而讹脱；十七、引用古事讹误及脱漏；十八、因当时俗体字致误。并分别举数例进行了说明。他校《唐律疏议》，归纳了该书六种致误情况：一、应别自为条而连他条者；二、应属一数条者；三、标其字而佚其释者；四、释尚在而遗标字者；五、前后互换其处者；六、有释所据本不牾者。顾广圻的这些分析总结，对古书的校读能起到指导作用。其注意校勘成果表达形式。其中，尤以不改动原书，而把校勘成果写成校勘记附于原书后这种形式影响最大。如他校《列女传》传写讹脱，"亦略为补正，不敢专辄改其故书，兼不欲著于当句之下横隔字句，故别为此考证附于后"。既不影响读者阅读，又能把存旧与校改统一起来，促使读者自己思考判断，体现了一种"不校校之"的精神。其校勘的很多古书都是采用这种方式来表达校勘成果的，这种处理校记的方式在当时产生了很大的影响。例如阮元校刊宋本《十三经注疏》，就借鉴了顾氏的做法，对于原宋版书误字，不加更改而以圈识别，《校勘记》附于每卷之末。（见袁红军《顾广圻古典目录学思想述论》，《山东图书馆学刊》2009年第4期）

时下，又一波"国学热"席卷各地。试想，若无历代"顾广圻们"的默默执着工作，还有多少国学经典可读？可以设想，当初若无顾广圻等历代校勘学家们的如此执着甚至痴迷而又科学的工作，历史上历经百般劫难而幸存至今的，那浩如烟海的古籍文献，还能识别和解读吗？不就成了一堆垃圾废物了吗？可以说，对于任何国家的历史文献，都离不开校勘学者的工作。可叹者，时下在此领域默默耕耘的专家"多乎哉？不多矣"，实在难以满足校勘、整理浩如烟海但又极其珍稀的"国故"的要求。何况，除汉语文献外，还有难以数计的少数民族语言文字的古代文献。看来，如果说"时思误书，亦是一适"不只是一种校勘学思想，也是一种值得承继和弘扬的传统文化的话，还值得给予关注和研究。

近人叶德辉《藏书纪事诗》三三一《顾广圻千里》赞道："不校校书比校勤，几尘风叶扫缤纷。误书细勘原无误，安得陈编尽属君。"因以"误书细勘原无误，不校校书比校勤"为题。

难能可贵的藏书家"三德"

鲍廷博藏书铭印"老屋三间赐书万卷"

古人所谓"三德",通常是指三种品德。如《尚书·洪范》所云:"三德:一曰正直,二曰刚克,三曰柔克。"如《周礼·地官·师氏》所言:"以三德教国子:一曰至德以为道本,二曰敏德以为行本,三曰孝德以知逆恶。"又如《礼记·中庸》所说:"知、仁、勇三者,天下之达德也。"

佛家亦讲"三德",如唐华严宗四祖清凉澄观大师《华严经疏》所谓:"一恩德,谓如来乘大愿力,救护众生,犹如赤子,是为恩德。二断德,断德亦名解脱,谓如来断除一切烦恼惑业,净尽无余,是为断德。三智德,智即智慧,谓如来以平等智慧,照了一切诸法。圆融无碍,是为智德。"隋高僧智𫖮口述、门人灌顶笔录的《金光明经玄义》等佛家典籍中,亦多有"三德"之说。

按常理，各业当有各业之"德"，藏书家自当有藏书家之"德"。不知古今藏书家是否也有"三德"之说？我觉得，综观清代著名藏书家鲍廷博及其子孙的卓越成就，至少展现了难能可贵的"三德"，亦即学德、藏德和功德。尽管这由我"杜撰"的"三德"用语未必准确，却感到似乎可暂且用来礼赞一代大藏书家的可贵品格与贡献。

清代著名大家鲍廷博（1728—1814），字以文，号渌饮，因祖居安徽歙县长塘而世称"长塘鲍氏"。自其父鲍思诩性嗜读书并略有藏书，至鲍廷博，身为歙县秀才，虽勤学好古，却屡试不第，遂决意不再求仕进，竭力购求典籍，购藏的各种经典古籍，多而精，皆收藏家所罕有者。所筑藏书室，取《礼记》"学然后知不足"之义名曰"知不足斋"。鲍氏富藏博览，于古籍之真伪、版本之优劣，甚至收藏钞刊之经历，均知之尤详，终于成为一代精通典籍的学问大家。

其一，"学德"。家藏广博而"无不知其原委""记其某卷叶、某讹字"。

有清一代大学者阮元《定香亭笔谈》盛赞鲍廷博"博极群书，家藏万卷，虽隐僻罕见著录者，问之无不知其原委"。据另一位以"博学嗜古，食贫著书"著称的翁广平所著《鲍渌饮传》，亦谓鲍氏"生平酷嗜书籍，每一过目，即能记其某卷叶某讹字。有持书来问者，不待翻阅，见其板口，即曰此某氏板，某卷刊讹若干字，案之历历不爽"。可见名不虚传，足见其学问功力之深厚。清人徐康《前尘梦影录》卷下有云，鲍廷博"夜间偶有所得，即起书之，可校勘秘籍，夜凡三四起不厌"。正因有如此神思梦萦之心力，持之以恒，方得"铁杵磨成针"，日久见真功。"学德"，藏书家"三德"之首要大德。非此，岂非"书橱"矣！

历代藏书家不胜枚举，然而能若此这般者，实属凤毛麟角，极为难能可贵，非其身为做学问而又学养深厚者不能如此。

其二，"藏德"。藏书家之德，富藏善本珍本但从不自秘：赠人、借抄、提供朝廷修书。

清吴寿旸《拜经楼藏书题跋记》："《霏雪录》，渌饮所贻，有'世守陈编之家''老屋三间赐书万卷''歙西长塘鲍氏知不足斋藏书印'三图记。"其中"老屋三间赐书万卷"的由来，则是鲍氏长子士恭以所藏精本620种进献《四库全书》馆，其中多为宋元以来稀见之孤本、善本。据载，《四库全书》收录的鲍氏进书多达378种、3581卷。质量、数量均位居私家进书之首。次年，获朝廷赏赐《古今图书集成》以及《平定回部得胜图》《平定两金川战图》等数种内府编刻要籍。俟《四库全书》修成，朝廷归还其原书时，乾隆皇帝在其《唐阙史》和《宋仁宗武经总要》两书题诗："知不足斋奚不足，渴于书籍是贤乎。长编大部都庋阁，小说卮言亦入厨。"

鲍氏非但向朝廷尽数如此慷慨大义，即或同道私家有求，亦毫不迟疑援手相助，而且家风传续后代。《浙江通志》载，廷博天性宽厚，好交结，重情谊，时以珍本古籍投赠友人。遇贫而好学者，或赠之，或借与抄之，甚至贻以全套丛书。乾隆五十六年（1791年），芳椒堂主人严元照过知不足斋，廷博赠以宋椠残本《周益公书稿》2册。其书纸墨古雅可喜，严氏如获至宝，即书跋语三则于书后。光绪六年（1880年），其曾孙鲍寅以朝廷赐书在杨树湾者，献呈西湖文澜阁宝藏。

藏家岂有不自珍其藏者，如此"藏德"，古今罕见也。

其三，"功德"。三代精刻《知不足斋丛书》传世，功德无量。

肯于、乐于将私家珍藏宝籍公之于世，使之广为流传利用，而且几代人持之以恒，不惜倾尽一己之力践行之，"终成正果"实现宏愿，亦属古今藏书家不甚多见之"功德"。

卢文弨《微刻古今名人著作疏》评论鲍廷博刻书时说："吾友鲍君以文

者，生而笃好书籍，于人世一切宝贵利达之外，复不私以为枕秘，而欲公之。晨书暝写，句核字雠，乃始付之梓人氏。枣梨既精，剞劂亦良，以是毁其家，不恤也。"可见对鲍廷博评价之高。《聊斋志异》，因鲍廷博于乾隆三十一年（1766年）所刊而得以广为流传。所用青柯亭本《聊斋志异》，乃现存最早刻本。

　　鲍氏因向朝廷进书而使"知不足斋"之名上达朝廷并获褒奖，名声大震。由是，廷博备受鼓舞，遂立志编刻《知不足斋丛书》，连同其子鲍士恭、其孙鲍正言续成的后4集，总30集207种781卷，将家藏主要善本古籍大都公诸海内。祖孙三代建功德终成伟业。为此，几乎耗尽了家产积蓄。也正因如此，乃有后人之《续知不足斋丛书》《仿知不足斋丛书》《后知不足斋丛书》等陆续问世，足见其功德影响之深远。

　　具"三德"藏书家，总需善守心性，嗜于藏书、读书、刻书，绝非唯利是图、贪求功名者流所成就者。世虽稀见，确真个"天地一书生"也。

嗜古富藏尽在为国传古

清陈介祺藏书铭印"平生有三代文字之好"

商承祚先生在其著名的专论《古代彝器伪字研究》中感叹道："提起笔来写这篇文章之先，我就想到一位老先生，是我平生最佩服的；恐怕不仅是我，凡是研究古文字的人都是一致的。何以呢？因为他的眼光太好了。他一生收藏的铜器等不下几千件，没有一件是假的。这人是谁？就是山东潍县的陈介祺。"获此盛誉者，正是"平生有三代文字之好"的清代著名鉴藏家、金石学家和中国陶文发现、鉴定、考释第一人，家藏西周青铜重器毛公鼎长达半个世纪之久的陈介祺。

陈介祺(1813—1884)，字寿卿，号簠斋，晚号海滨病史、齐东陶父，山东潍县(今山东潍坊市潍城区)人，清代著名的金石学家。《清史稿》赞誉其"所藏钟鼎金石为近代之冠"。但他绝非以收藏贩卖为"稻粱谋"的古董商，亦非以古董居奇自赏、附庸风雅的庸俗收藏家，更非"两脚书橱"式的平庸书生。介祺自幼勤奋好学，聪颖强记，少年时随官至内阁学士、工部尚书的父亲陈官俊在京求学，19岁即"以诗文名天下"。道光十五年（1835年）中举人，10年后（1845年）再中进士，任翰林院编修长达10年之久。陈官俊、陈介祺父子均曾拜在一代学宗阮元大学士门下问学，深受阮氏影响，由此可见陈家遗风。介祺因而毕生矢志"搜求文物，意在传古，志在为国"，乃其志趣所在和学以致用之道。在此信念之下，陈介祺生前曾为子孙立下了不许做官、不许经商和不许念佛信教三条规矩，期望后辈也能像自己后半生一样安分守己地潜心学问，使家学、家风得以薪火相传。幸运的是，其后世子孙真就未负祖训，孙子陈陶、曾孙陈秉忱、侄孙陈伯岩及后裔陈君藻等，都承继了金石世家香火，无不是鉴古、传拓高手，均为一时饱学之士。

陈氏传世有一堂八屏《陈簠斋手拓汉器》，每屏皆有陈氏钤印两方，十六方印印文各异，分别为"齐东陶父""簠斋藏三代器""平生有三代文字之好""簠斋西汉器图""三代化范之宝""海滨病史""半生林下田间""秦前文字之语""文字之福""万印楼""锺主人""簠斋古器""十钟山房""簠斋两京文字""齐鲁三代陶器文字"和"簠斋"。"平生有三代文字之好"之所谓"三代文字"，乃指夏商周三代的甲骨文、金文。藏品之中，仅三代、秦汉古印即达7000余方。对此，陈氏鉴藏研考辑释著述甚丰，如《簠斋吉金录》、《十钟山房印举》、《封泥考略》（与吴式芬合辑）、《簠斋藏古目》、《簠斋藏古册目并题记》、《簠斋传古别录》、《簠斋金文考释》、《簠斋藏镜》、《簠斋藏镜全目抄本》、《簠斋藏古玉印谱》，以及后人所辑《陈簠斋尺牍》等十余种。而且，所藏两万余件藏品无一赝品，皆印证了其学问功力之所在。如今，陈氏鉴藏、传世的文物几乎件件都是国宝，其著作皆为经典。

尤其难能可贵者，当是陈氏一代文物鉴藏学者的无私合作精神。当得知清代中后期著名古文字学家、书法家翟云升参照《类篇》编著刊行《隶篇》时，陈介祺同当时的金石名家吴式芬、许瀚、王筠、刘喜海、许梿、何绍基，及其叔父陈官侨、表叔谭怡堂、岳父李璋煜等，无不纷纷贡献出各自珍藏的拓本供翟氏选用。其中，不乏诸如杨著碑、杨震碑、汉尚浴府金行烛盘、三公山碑等拓本以及汉钲、汉钫钩摹本等一向秘藏备受青睐的珍稀文本。而且，当《隶篇》《隶篇续》和《隶篇再续》各15卷全编告竣之后，翟氏又因家境窘困而无力刊行，最终还是陈氏父子积极倡导亲友和在京的同乡官员解囊资助刻印，才使之免遭散佚而流传至今。可以说，没有诸家的无私援手、相互提携、通力合作，就不会有传世至今的《隶篇》。在长期的鉴藏与研究中，陈介祺结交了诸如许瀚、鲍康、张廷济、王筠、许梿、何绍基、吴云、徐同柏、叶志诜、何昆玉、吴大澂、王石经、郭麐等一批同道挚友。其于咸丰元年(1851年)出版的早期著作《簠斋印集》，便是由许瀚、何绍基和吴式芬共同审定并出资刊印的。许瀚去世后，部分遗稿转交给陈介祺，陈氏为之校订了《攀古小楼砖瓦文字》《攀古小楼款识释文》等著作，编写了《日照许氏金文册目释》，并设法刻板印行。

凡此，也可以说，嗜古、富藏、尽在为国传古、视鉴藏学术为公器，是陈介祺那一代金石鉴藏家们的风范，至今仍是值得收藏家和学界弘扬的优秀传统。

韩昌黎与"天一阁"及其他

明范钦藏书铭印"和鸣国家之盛"

看到这个题目,似乎会让人一下子就联想到一出相声名叫"关公战秦琼"——如俗语所谓"八竿子打不着"。

是的,韩昌黎,生于唐代宗大历三年(768年),比"天一阁"楼主范钦出世要早730多年,"天一阁"更是始建于明嘉靖四十年(1561年),范钦致仕后回到宁波的次年。

"十万卷签题,缃帙斑斑,笑菉竹绛云之未博;三百年清秘,祥光晌晌,接东楼碧沚以非遥。"这就是全祖望视野中的与创建于16世纪的意大利马拉特斯塔图书馆、美第奇家族图书馆并称世界最早的三大家族图书馆,也是亚洲当今存世最早的私家藏书楼"天一阁"。"烟波四面阁玲珑,第一登临是太冲。

玉几金峨无恙在，买舟欲访甬句东。"这是清末民初叶昌炽《藏书纪事诗》所记的"天一阁"。叶昌炽注云："《天一阁书目》所列范氏诸印有'四明范氏书记''甬东范氏家藏图书''古司马氏''万古同心之学''东明山人''东明草堂''七十二峰一吾庐''和鸣国家之盛'，司马印也。"说起来，正是范钦在"天一阁"使用的这枚藏书铭印"和鸣国家之盛"，让我杜撰出这个题目。或许，也正是缘于范钦创建"天一阁"，才将韩昌黎的言论凝缩为这样一句祈愿禳灾之"符咒""镇阁"之印。

明末清初，被后世誉为著名经学家、史学家兼思想家的黄宗羲在《天一阁藏书记》开篇即言："尝叹读书难，藏书尤难，藏之久而不散，则难之难矣！"唯恐含辛茹苦集藏的书籍惨毁或散失，几乎是所有藏书楼主死不瞑目的心病。

藏书楼第一惧怕火灾，以防祸患为第一要务。"天一阁"之命名，取义于汉郑玄《易经注》中的"天一生水"之说，寓意即为以水克火。楼前辟有"天一池"，蓄水防火，可谓虚实结合。也有人说，是先建的用以防火的"天一池"，因池名阁，如《天一阁碑目记》："阁之初建也，凿一池于其下，环植竹木，然尚未署名也。乃搜碑版，忽得吴道士'龙虎山天一池'石刻，元揭文安公所书，而有记于其阴。大喜，以为适与是阁凿池之意相合，因即移以名阁。"（《藏书纪事诗》之一三二）又如《东斋脞语》所言："范氏立法尽善，其书不借人、不出阁，子孙有志者就阁读之，故无散佚之患。其阁四面皆水，读者不许夜登，不嗜烟草，故永无火厄。迄今三百年，虽十亡四五，然所存尚可观也。"无论怎么讲，藏书楼防火无不用心良苦。

楼主的另一大心病，便是唯恐身后子孙不肖致使藏书散失。范景中《藏书铭印记·澹生堂朱文方印》记述明末藏书楼"澹生堂"的藏书印云："澹生堂中储经籍，主人手校无朝夕。读之欣然忘饮食，典衣市书恒不给。后人但念阿翁癖，子孙益之守弗失。旷翁铭。"此印《东湖丛记》曾著录，三百年后澹生堂藏书再度显世，其名益著。观此印即令人忆及《藏书约》中寄语："然而聚散自是恒理，即余三十年来，聚而散，散而复聚，亦已再见轮回矣。今能期尔辈之有聚无散哉。要以尔辈目击尔翁一生精力，耽耽简编，肘敝目昏，虑衡心困。艰险不避，讥诃不辞，节缩饔飧，变易寒暑，时复典衣销带，犹所不顾，则尔辈又安忍不竭力以守哉！""拜经楼"主陈书崖甚至还有一方藏书铭印曰"陈氏藏书子孙永保"。有的遗训甚至带有惩戒性的内容。王述庵藏书印："二万卷，书可贵。一千通，金石备。购且藏，剧劳勋。愿后人，勤讲肄。敷文章，明义理。习典故，兼游艺。时整齐，勿废置。如不材，敢卖弃。是非人，犬豕类。屏出族，加鞭棰。述庵传诫。"范氏亦然。范氏立有"书不出阁，代不分书""藏书为子孙共有"的遗规，甚至具体规定严禁带书出阁，阁厨锁钥分房掌之，非各房子孙齐至，不得开锁，违者以不允许参加祭祖大典作为严惩。他把这些规则制成木牌挂在各处，时时警示家人，甚至还刻治了藏书铭印"子子孙孙，永传宝之"。此外，为使藏书不致在下一代两个儿子手里散失，他订立了规则：将家财分作两份，一份是天一阁的全部藏书，一份是其他巨额的钱财。如全祖望的另一篇《天一阁藏书记》所感叹："吾闻侍郎二子方析产时，以为书不可分，乃别出万金，欲书者受书，否则受金。其次子欣然受金而去。今金已尽而书尚存，其优劣何如也。"如此一系列家规制度，实可谓既严密又有操作性。

清代拜经楼主吴骞有道："寒可无衣，饥可无食，至于书，不可一日失，此昔人诒厥之名言，是可为拜经楼藏书之雅则。"除上述两大威胁藏书楼的基本隐患外，再即盗抢和兵祸等社会动乱，尤其是可能致使百年心血一朝尽失的危害。衰世、乱世毁书，盛世刻书、藏书。作为学者，范氏十分明白，这是自己生前身后都难以预测也左右不了的事情。"毛氏藏书铭印：'在在处处有神物护持。'所谓结念之殷，悬忧之切，托之子孙，不如祷之鬼神矣。"（《东湖丛记》）于是，便有了范氏的这方藏书铭印"和鸣国家之盛"，意在为藏书楼的平安祈盼永远的盛世之福。《铁琴铜剑楼书目》卷二十："宋本《击壤集》，芙川藏书，卷三册首空页，有芙川以血书'南无阿弥陀佛'六字，题其后云：'乙巳十一月得之，爱不能释，以血书佛字于空页，惟愿流传永久，无水火蠹食之灾。'"显然，将"和鸣国家之盛"藏书铭印盖到藏书上的用意，不啻于血书代印"祷之鬼神"的"符印"功能。

然而，事情并非总是尽如人愿。原有藏书七万余卷的"天一阁"，虽未失于范氏下一代之手，但从明末战乱开始，历经鸦片战争中英军占领宁波、1861年太平军进驻宁波，及至民初江洋大盗薛继渭与不法书商相勾结盗书等众多劫难，藏书大批散失。至新中国成立初期，"天一阁"全部藏书仅剩一万三千多部。三百多年，散失了五万七千余部，占最初藏书的八成以上。看来，历代藏书楼的最大威胁，还是社会动乱。

汉代大儒董仲舒云"诗无达诂"（《春秋繁露》卷三《精华》）。"作品一经发表问世或传播成为公共所有，除翻译和研究作品以及作者本身需要尽可能地还原文本之外，其他需要的受众的解读和使用便是多元化的了。"这一点，古今中外同理。"和鸣国家之盛"语出韩愈《送孟东野序》："天将和其声，而使鸣国家之盛耶？"韩昌黎原文，是一篇意在劝慰自感际遇不平的好友孟郊往江南赴任溧阳县尉而作的赠序。范氏就藏书而言将其凝缩为祈愿禳灾之"符咒"、"镇阁"之"符印"，自有其道理，无可厚非。但温读韩昌黎原文，其给人的启迪和警世之意义，迄今仍值得回味。韩昌黎《送孟东野序》，文虽不失委婉、含蓄，然颇有精警之说，且抄示几行如下，共赏：

　　大凡物不得其平则鸣：草木之无声，风挠之鸣。水之无声，风荡之鸣。其跃也，或激之；其趋也，或梗之；其沸也，或炙之。金石之无声，或击之鸣。

人之于言也亦然，有不得已者而后言。其歌也有思，其哭也有怀，凡出乎口而为声者，其皆有弗平者乎！乐也者，郁于中而泄于外者也，择其善鸣者而假之鸣。

　　金、石、丝、竹、匏、土、革、木八者，物之善鸣者也。维天之于时也亦然，择其善鸣者而假之鸣。是故以鸟鸣春，以雷鸣夏，以虫鸣秋，以风鸣冬。四时之相推敓，其必有不得其平者乎？其于人也亦然。人声之精者为言，文辞之于言，又其精也，尤择其善鸣者而假之鸣。

　　"天将和其声，而使鸣国家之盛"，前提是"和其声"，然后才有"使鸣国家之盛"，这是一个非常明晰的逻辑。《礼记·乐记》云："凡音之起，由人心生也；人心之动，物使之然也。感于物而动，故形于声；声相应，故生变；变成方，谓之音；比音而乐之，及干戚羽旄，谓之乐。乐者，音之所由生也，其本在人心感于物也。"音乐、谣谚源起如此，"舆诵"同理。"大鸣大放"时期，因其属于所谓"阳谋"就难免迸发怨愤，愤怒出诗人。无论何时，一但"万马齐喑究可哀"，即谣谶四起遑论太平。《述异记》卷下载：始皇二十六年，童谣云："阿房阿房亡始皇！"这是百姓对于暴君的诅咒。《后汉书·五行一》：献帝践祚之初，京都童谣曰："千里草，何青青，十日卜，不得生。"其实这是对于权奸董卓的诅咒。每逢谣谶四起，必将世呈乱相，世呈乱相何谈太平？清代刘毓崧《古谣谚》序云："言为心声，而谣谚皆天籁自鸣，直抒己志，如风行水上，自然成文。……盖谣谚之兴，由于舆诵。为政者酌民言而同其好恶，则刍荛葑菲，均可备询，访于輶轩；昔者观民风者，既陈诗，亦陈谣谚。""舆诵"者，古人又谓之"舆颂""清义"，是众人的议论，即今人所说的舆论。《晋书·郭璞传》："方辟四门以亮采，访舆诵于群心。"所言即此。"谣谚之兴，由于舆诵"，古代的谣谶便属于更为直接的舆论性的蕴含民意的天籁之声。疏导舆论通道，化谣谶而为百鸟齐鸣，百鸟齐鸣则龙凤呈祥，龙凤呈祥即"和鸣国家之盛"。便捷的网络时代,尤其为舆论的传播拓宽了渠道,增强了时效。时下遴选官员,实行任前公示。这种做法,至少可以追溯到南北朝时期。《梁书·武帝纪》记载了梁武帝萧衍于中兴二年(502年)称帝之前以梁公的身份向齐和帝萧宝融上的一篇《立选簿表》里讲道:"前代选官,皆立选簿,应在贯鱼,自有铨次。胄籍升降,行能臧否,或素定怀抱,或得之舆论,故得简通宾客,无事扫门。"

至此,以《韩昌黎与"天一阁"》作为本篇的题目可谓自有道理,并非妄言。至于"及其他"这段由感而发的赘言,之于破题解读之用意,想是毋庸赘言。

至于本文对于诸如"天一阁"这类祈愿禳灾之"镇阁符印"性质的解读,似乎尚属首例。不过,确也是笔者的一得之见、一家之言,欢迎讨论。

"学然后知不足"摭谈

清席鉴藏书铭印"学然后知不足"

牛耳毛钱狎主盟,荛山珍本出书城。

酿花扫叶皆清课,坐拥寒毡对短檠。

诗出叶昌炽《藏书纪事诗》二五七《席鉴玉照》。本文所及这方"学然后知不足"藏书铭印,见于席鉴的藏书。明末清初的常熟席家是著名藏书、刻书世家,中国历史上刻印古今书籍逾两千余部的著名出版机构扫叶山房即出自席家。席鉴,别号荛山人,席家的主要代表人物。《藏书纪事诗》记述说:

> 黄廷鉴《爱日精庐藏书志序》:"汲古毛氏、述古钱氏,两家陵替,吾邑藏书之风浸微,然亦未尝绝也。以余所闻,玉照席氏、庆曾孙氏、虞岩鱼氏,皆斤斤雪钞露校,衍其一脉。惟多留心于说部小集,以一二零编自喜,

而于经史传略。"《士礼居藏书题跋记》："顾抱冲案头有影宋本《东家杂记》，末有茮黄山人席鉴跋云：'毛省庵先辈影写本，余于丙申仲夏得之汲古阁中。'"《天禄琳琅》："《离骚草木疏》，虞山席鉴钞本，有'墨妙笔精''虞山席玉照氏收藏'朱记。"又《续编》："《班马字类》，有'席鉴之印''学然后知不足'朱记。"《楹书隅录》："影宋钞《五经文字》《九经字样》，每册有'赵宋本''墨妙笔精''希世之珍''虞山席鉴玉照氏''酿花草堂'诸印。"

　　昌炽按：玉照藏书极富，所刻古今书籍，板心均有'扫叶山房'字。余曾见所藏《宝晋山林集》，有'芚山珍本'印。又按：《海虞诗苑》席镐诗，有《湘北宝箴、玉照读书敏逊斋，犹记十五年前，余亦尝偕对扬敬修居之，因题示》二首："小斋罢琴酌，群季尚婴孩。此日开青案，频年闭绿苔。寒毡我家物，春草惠连才。弦诵遥相接，惟余叔子哀。"其第二首云："三人连袂袨，万卷浩纵横。"一门群从读书，娴古盖不减孙、钱二氏矣。

学问、藏书非常人所比，如此这般的藏书世家，仍以"学然后知不足"为训，似乎不足为奇。因为，此乃中国读书人的传统。闻之，国人自然会想到孔子那脍炙人口的"三人行，必有我师焉""学而时习之，不亦说乎"。联想到韩愈的治学名联："书山有路勤为径，学海无涯苦作舟"；《增广贤文》说的"人学始知道，不学亦徒然"；《三字经》的"玉不琢，不成器；人不学，不知道"；等等。古人诗文之中，更不乏佳作名句。诸如"不患人不知，惟患学不至"（唐·范质《诫儿侄八百字》）；"入学始知道，不学非自然"（唐·孟郊《劝学》）；"不学不成，不问不知"（汉·王充《论衡·实知篇》）；"胸中不学，犹手中无钱也"（《论衡·量知篇》）；"少而好学，如日出之阳；壮而好学，如日中之光；老而好学，如炳烛之明"（汉·刘向《说苑·建本》）；"人之学如渴而饮河海，大饮则大盈，小饮则小盈"（《意林》引《物理论》）；

"夫学者，犹种树也，春玩其华，秋登其实"（北齐·颜之推《颜氏家训·勉学篇》）；甚至老而弥笃，如清代大学问家袁枚所咏"七龄上学解吟哦，垂老灯窗墨尚磨；除却神仙与富贵，此生原不算蹉跎"（《全集编成自提》），等等，不胜枚举。凡此，与西人所言"求知是人类的本性"（亚里士多德）、"我唯一知道的是自己的无知"（苏格拉底），思想、用意相同，大致都是一个意思。

关于《论语》"有教无类"的理解，或指无论智愚、贤恶都应受到教育，或指教育的目的在于消除这些差别，使之都成为智者贤人。无论如何理解，其思想的核心均在于育人为本，是教育的本质，是人的发展之于教育的本质要求。反之，伴随人们终生的学习又何尝不如此呢？主讲湖南衡阳集贤书院长达九年之久的山长文瑞成教人以"强恕"而"求放心"，其所题书院楹联："立言立功立德，此之谓不朽；希贤希圣希文，人皆可以为。"或许可视为对《论语》"有教无类"的另一种解读。再如创建于北魏太和年间的河南嵩阳书院楹联曰："满院春色催桃李；一片丹心育新人。"宋代朱熹题松溪县学"明伦堂"联曰："学成君子，如麟凤之为祥而龙虎之为变；德在生民，如雨露之为泽而雷霆之为感。"清光绪年间的广西经正书院联曰："经天纬地；正心修身。"阮元题浙江诂经精舍联曰："公羊传经，司马记史；白虎论德，雕龙文心。"邬建侯题四川广寒书院联曰："君子能由是路；初学入德之门。"廖春林题四川射洪东山书院内厅联曰："德行本，文艺末；师道立，善人多。"耿橘题江苏虞山书院"学道堂"联曰："君子学道则爱人；小人学道则易使。"岳和声题福建共学书院"求我轩"联曰："往来童冠还知尔；上下鸢鱼共作人。"等等，不一而足，显见其办学宗旨无不在于德智并举且以德为先。

作为学问人生，亦如西哲但丁所言："人不能像走兽那样活着，应该追求知识和美德。"（《神曲》）除了求知还有树德。《左传》有云："太上立德，其次立功，其次立言。"首当是立德做人。"学然后知不足"一语所出《礼记·学记》："虽有嘉肴，弗食，不知其旨也；虽有至道，弗学，不知其善也。是故学然后知不足，教然后知困。知不足，然后能自反也；知困，然后能自强也。故曰：教学相长也。"北宋欧阳修著《诲学说》，劝诫子孙要通过发奋学习增长知识，提升自身修养，亦云："玉不琢，不成器；人不学，不知道。然玉之为物，有不变之常德，虽不琢以为器，而犹不害为玉也。人之性，因物则迁，不学，则舍君子而为小人，可不念哉？"可以想到，"舍君子而为小人"者流，是绝不会念及"学然后知不足"的，只能是以其蝇营狗苟的伎俩一时得手而窃笑罢了。

"玉不琢，不成器；人不学，不知道"，还是要讲"学然后知不足"，此乃常理，人间正道，理应以之为训。

【印言印艺印人故实】

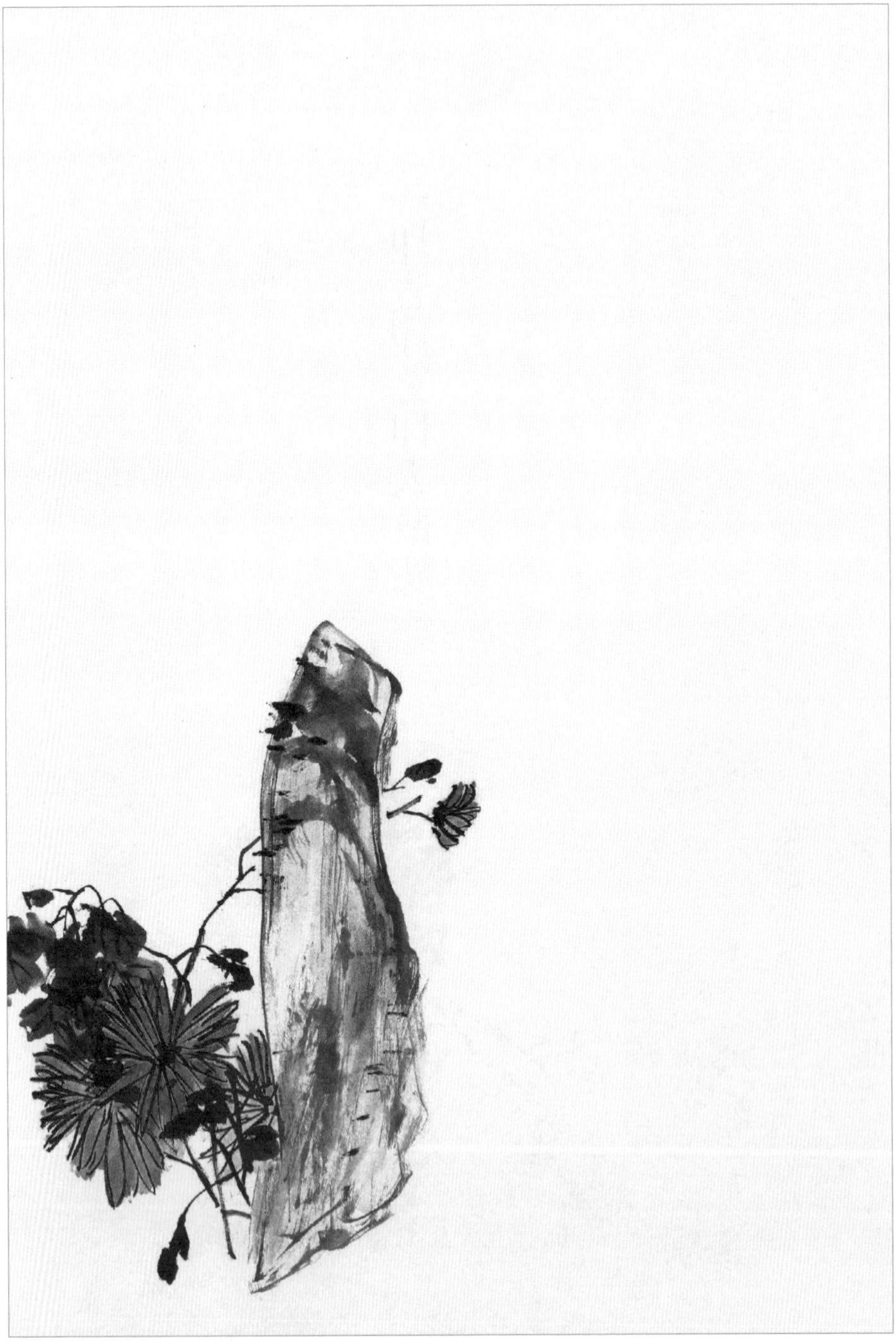

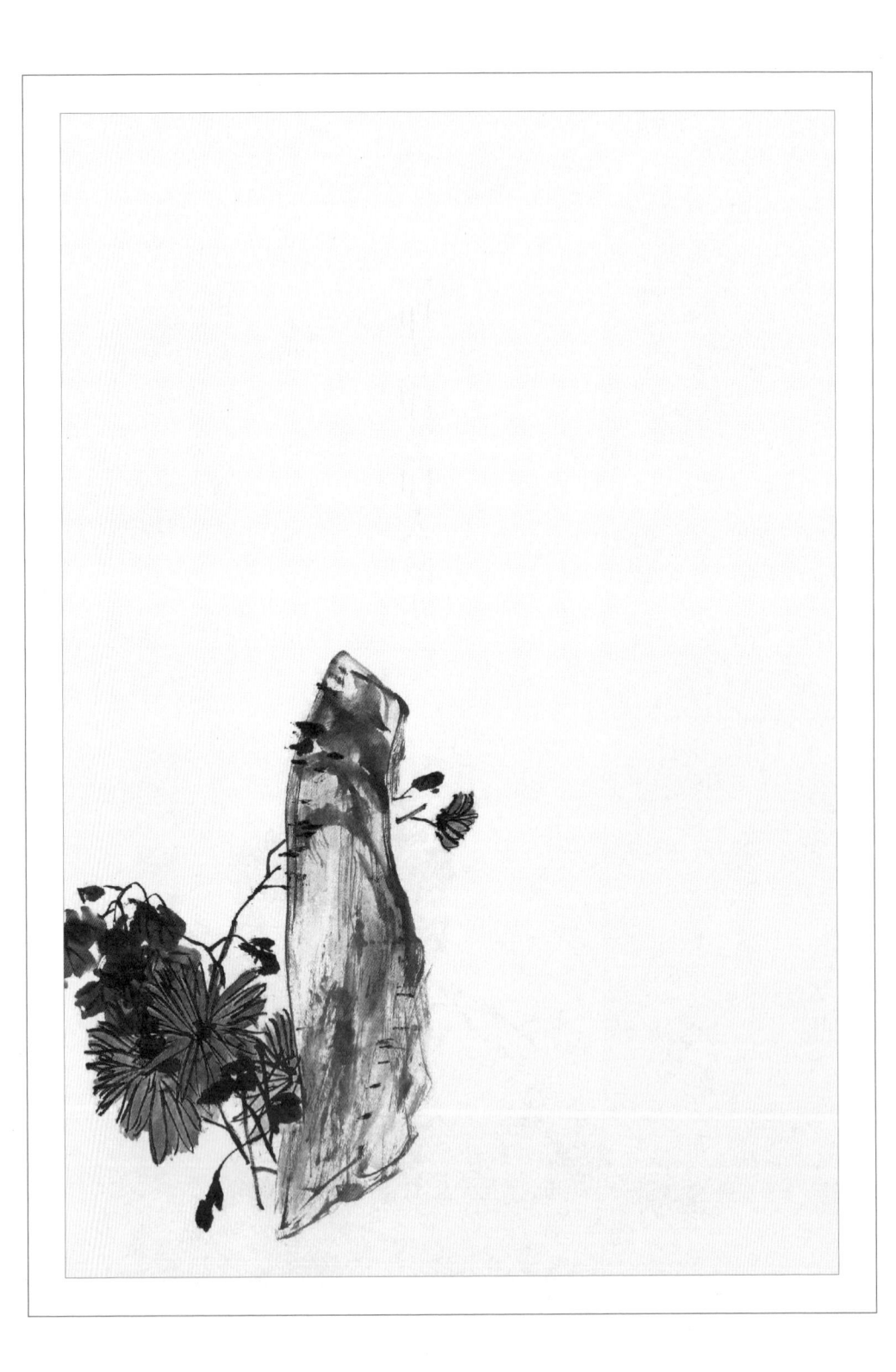

文彭的篆刻"君子安贫，达人知命"

明文彭篆刻"君子安贫，达人知命"

篆刻文字语出唐王勃《滕王阁序》："君子安贫，达人知命。老当益壮，宁移白首之心？穷且益坚，不坠青云之志。" 君子安贫属于自重，并非力所不能逮；"达人知命"，当系反语，从下文可知，实乃透露了并非安于命运摆布的心迹。

文彭（1498—1573），字寿承，号三桥，江苏苏州人，明代篆刻家，是中国篆刻艺术史上第一个流派——"吴门派"的始祖。饱读诗书能书擅画的文彭，制印风格遒劲雅正秀润，一改有悖篆法、纤弱好奇的低劣时尚。

邓石如的篆刻"江流有声，断岸千尺"

清邓石如篆刻"江流有声，断岸千尺"

邓石如(1743—1805)，原名琰，因避嘉庆讳，以字行，号顽伯、完白山人、笈游道人、古浣子。怀宁(今属安徽)人，清代书法家、篆刻家。生于寒门，曾靠写字、刻印谋生。擅长四体书，以篆书成就最大。又是篆刻家，书法篆刻相辅相成。以小篆入印，注重笔意，运刀如笔，宛转流畅，风格雄浑古朴、刚健，苍劲庄重，流利清新，开创了"皖派"中的"邓派"。

"江流有声，断岸千尺。"语出苏轼《后赤壁赋》，为邓石如篆刻的代表作之一。其提出的书法理论"字划疏处可使走马，密处不使透风"，于此印之章法结构得以生动体现。

邓石如的篆刻"有精神谓之富"

清邓石如篆刻"有精神谓之富"

关于"有精神谓之富",清代"扬州八怪"之一李鱓曾于书赠邑人顾于观条幅有云:"有补于天地谓之功,有关于世教谓之名,有精神谓之富,有廉耻谓之贵,此吾人之所谓'功名富贵'耳。"

邓石如的篆刻"我书意造本无法"

清邓石如的篆刻"我书意造本无法"

清代著名金石篆刻家邓石如的代表性作品之一。将宋元圆朱文的刻法，发展为细白文刻法，前无古人，是其独特的创造。这种细白文线条，颇能体现书法的笔情墨趣和以刀当笔的金石风味。

"我书意造本无法"，语出苏轼《石苍舒醉墨堂》诗句："我书意造本无法，点画信手烦推求。"倡导书法艺术不泥古，摆脱传统束缚，随意所至自由创造，否则就会失去艺术个性。或言之，既要继承优良传统，但又不为成法所囿。诗句便是其主张"出新意于法度之中，寄妙理于豪放之外"的体现。一如其自称："吾书虽不甚佳，然自出新意，不践古人。"这一书学主张对后世的影响至深，早于邓石如之前的清代书画家高凤翰亦曾刻有一方"我书意造本无法"白文印。

丁敬的篆刻"竹解心虚是我师"

清丁敬篆刻"竹解心虚是我师"

　　印文出自白居易《池上竹下作》诗的颈联："水能性淡为吾友,竹解心虚即我师。"清代文学家阮元曾集此题作沈阳故宫衍庆宫的楹联。诗句倡导淡泊纯真的节操和高风亮节、虚怀若谷的品性,并可作为择友选师的标准。

　　古来往往用"屋漏痕"来比喻书法用笔如破屋壁间的雨水漏痕那种凝重自然。篆刻亦然。亦即南宋姜夔《续书谱》所谓"屋漏痕者,欲其无起止之迹"。丁敬此印,取法秦汉碑板意趣,线条细劲,布白甚美,匠心独运,在篆法、章法、刀法三方面都有独创,采切刀刻法,线条苍古朴茂,断续、跳跃,使之节奏起伏顿挫而又柔中寓刚,独具凝练苍莽、纯然宁静的意境。如此"屋漏痕"艺术效果,显现着典型的浙派白文印印风。

丁敬（1695—1765），字敬身，号钝丁、砚林，别号龙泓山人，浙江杭州钱塘县人，清代著名篆刻家。一生清贫但家富收藏，好金石，工篆刻。篆刻宗法秦汉而不囿成规，擅切刀法治刻印，印风苍劲质朴，独树一帜，位居"西泠八大家"之首，是"西泠印派"的创始人和兴起于清代中叶的"浙派"篆刻的开山之祖。

吴昌硕的篆刻"文章有神交有道"

清吴昌硕篆刻"文章有神交有道"

篆刻文字语出杜甫《苏端薛复筵简薛华醉歌》诗的前四句："文章有神交有道，端复得之名誉早。爱客满堂尽豪翰，开筵上日思芳草。"宋代学者马永卿《嫩真子·老杜品题》评曰："唐时前辈多自重，而后辈亦尊仰前辈而师事之，此风最为淳厚。……一篇之中连呼三人之名，想见当世士人，一经老杜品题，即有声价。故当世愿得其品题，不以呼名为耻也。近世士大夫，老幼不复敦笃，虽前辈诗中亦不敢斥后进之名，而后进亦不复尊仰前辈，可胜叹哉。"同为"西泠八大家"之一的清代书法篆刻家陈豫钟亦曾刻此篆章。

吴昌硕的篆刻"鲜鲜霜中菊"

清吴昌硕篆刻"鲜鲜霜中菊"

印文语出韩愈《怀秋诗》之十一:"鲜鲜霜中菊,既晚何用好。""鲜鲜"亦作"鱻鱻",鲜丽之貌。王安石《酬裴如晦》诗亦咏道:"鲜鲜细菊霜前蕊,漠漠疏桐日下阴。"今人钱君匋、董寿平等多有以此题旨意境为选题创作书画。

吴昌硕(1844—1927),初名俊卿,初字香朴,中年以后更字昌硕,以及仓石、苍硕、苦铁、破荷等。浙江安吉人,晚清杰出的书法家、画家、篆刻家,"吴派"篆刻艺术创始人。1913年,曾被推举出任西泠印社首任社长。此印是吴昌硕72岁时为老友王一亭所刻。"鲜鲜"两字采用重文写法,使之五字作四字章法结构,于大小错落之中获得平衡。而且印面中间微凸,印边略细,给人以绘画效果,匠心独运,颇得浑朴高古之趣。

许容的篆刻"兴酣落笔摇五岳"

清许容篆刻"兴酣落笔摇五岳"

印文语出李白《江上吟》:"屈平词赋悬日月,楚王台榭空山丘。兴酣落笔摇五岳,诗成笑傲凌沧州。功名富贵若长在,汉水亦应西北流。"作者许容(约1635—1696),字实夫,号默公,别号遇道人,如皋如城人,清代篆刻家,东皋印派的开创人。许容曾师事邵潜而得六书秘旨,篆刻师宗秦汉技法,刀锋游移颇见深厚功力,而又博采众长刻意创新,别树一帜。其章法布局往往故作松散,疏朗开阔,韵味无穷,隐含明代遗风。

许容《谷园印谱》书影

陈鸿寿的篆刻"好书到手不论钱"

清陈鸿寿篆刻"好书到手不论钱"

"好书到手不论钱",活脱脱一副读书种子相,好一语蠹鱼、书虫者流的肺腑之言。当然,有时也是穷读书人的呓语、梦里豪言。此印采自清顾湘、顾浩编《小石山房印谱》,印文笔画采用浙派篆刻艺术特有的切刀法加以变化,自然恣肆而古拙大气,静中寓动而刚柔兼济,篆含隶意而苍茫浑厚,可谓稳重坚实见气势,动荡有致显生机,印、语双佳,苍茂朴厚,颇显"乾嘉学派"韵味。

陈鸿寿(1768—1822),字子恭,号曼生、曼龚胥溪渔隐、种榆仙吏等。钱塘(今浙江杭州)人,清代金石书画艺术家。其艺术涉猎广泛,造诣极高,系"西泠八大家"之一。工诗文、书画,尤擅制宜兴紫砂壶,其壶时称"曼生壶"。书法擅长行、草、篆、隶等多体，篆刻师法秦汉玺印，并涉法丁敬、黄易等人。有《种榆仙馆诗集》《桑连理馆集》《种榆仙馆摹印》《种榆仙馆印谱》等行世。

张在辛的篆刻"笔研精良人生一乐"

清张在辛篆刻"笔研精良人生一乐"

"笔研精良人生一乐",非蠹鱼、书虫者流所难以体会到的一种独特人生乐趣,也是学人的一种基本生存需求。"读书破万卷,下笔如有神",如无"笔研精良"这一物质条件,谈何"笔下有神"?印文用刀取法汉碑之古拙浑厚,而又别出新意,章法精当,颇得高古脱俗之妙趣。

张在辛(1651—1738),字卯君,一字兔公,号白亭、柏庭,山东安丘人,清代诗人、书画篆刻家。少承家学,曾从理学家刘源渌问学。其篆刻初学张贞,后又师法周亮工、程邃。曾于康熙三十年(1691年)徒步赴南京拜郑簠为师学书,与清初著名篆刻家高凤翰同为齐鲁印派之首创者。有《渠亭印选》《相印轩印谱》《隐厚堂印谱》《隶法琐言》《篆印心法》等传世,有的著作著录于

《清史稿·艺文志》。

关于张在辛，尚有逸闻趣事可移附于此。蒲松龄《聊斋志异·张贡士》载："安丘张贡士，寝疾，仰卧床头。忽见心头有小人出，长仅半尺；儒冠儒服，作俳优状。唱昆山曲，音调清彻，说白、自道名贯，一与己同；所唱节末，皆其生平所遭。四折既毕，吟诗而没。张犹记其梗概，为人述之。"又高西园云："向读渔洋先生《池北偶谈》，见有记心头小人者，为安丘张某事。余素善安丘张卯君，意必其宗属也。一日晤间问及，始知即卯君事。询其本末，云：当病起时，所记昆山曲者，无一字遗，皆手录成册。后其嫂夫人以为不祥语，焚弃之。每从酒边茶余，犹能记其尾声，常举以诵客。今并识之，以广异闻。其词云：'诗云子曰都休讲，不过是都都平丈（相传一村塾师训童子读论语，字多讹谬。其尤堪笑者，读"郁郁乎文哉"为"都都平丈我"）。全凭着佛留一百二十行（村塾中有训蒙要书，名《庄农杂字》。其开章云：佛留一百二十行，惟有庄农打头强，最为鄙俚）。'玩其语意，似自道其生平寥落，晚为农家作塾师，主人慢之，而为是曲。意者：夙世老儒，其卯君前身乎？卯君名在辛，善汉隶篆印。"

吴涵的篆刻"千里之路不可扶以绳"

近人吴涵篆刻"千里之路不可扶以绳"

印文语出《管子·宙合》："千里之路,不可直以绳;万家之都,不可干以准。言大人之行,不必以先,帝常义立之谓资。"大意是说,千里长的路,不可能像绳子一样笔直。后人用以比喻人或事物各有不同,不当以单一的标准来衡量。

吴涵（1876—1927）,字子茹,号臧龛,别署藏戡,为晚清著名书画篆刻家吴昌硕次子,西泠印社早期社员,有《古田家印存》传世。沙孟海《沙村印话》评云,臧龛"印法多用缶老中年以前体,余每以此辨识大小吴真伪。世言萧祭酒书,晚节所变,乃右军年少时法,子茹印亦若是"。此印分朱布白,自然、流畅,神采奕然,甚得浑朴高古之趣。印旁,有乃父"此二印涵儿手刻"数字款识。其父吴昌硕于清光绪十六年（1890年）亦曾刻有同题印章，后被金庸收入《神雕侠侣》第一册。吴涵遗刻传世不多，颇得日本同道赞赏、珍视。

齐白石的篆刻"流俗之所轻也"

齐白石的篆刻"流俗之所轻也"

印文语出司马迁《报任安书》:"文史星历近乎卜祝之间,固主上所戏弄,倡优畜之,流俗之所轻也。"流俗,即世俗或一般的风俗习惯。曾经被"主流"画坛边缘化的齐白石,一向不讳言自己的木匠经历,"草根"出身,非但不以此自卑,反而因此自豪。他恣意挥洒、豪气淋漓的两方印作"大匠之门"和"鲁班门下",正是对"流俗之所轻"的鄙视。此印,或当是那两方印的注解。由此,更可显见齐白石的艺术气质及人生修养。此印本系白石老人针对当时画坛传统势力对自己非议的回击,并有诗云:"吾画不为宗派所拘,无心沽名,自娱而已,人欲骂之,我未听也。"又云:"逢人耻听说荆关,宗派夸能却汗颜。自有心胸甲天下,老夫看惯桂林山。"依流俗之见,所不以为然、所鄙视者，未必就不是真知灼见，未必就是尘土俗物。学人者，尤当自信、自珍、自重。当然，绝非孤芳自赏。